大声のすすめ。

和の発声法で伝わる話し方

乙津理風
Rifu Otsu

晶文社

illustration Yuko Takenami
bookdesign albireo

はじめに

「居酒屋で、店員さんを呼んでも、まったく気づいてもらえない」

「面と向かって話しているのに、『え、何？』って聞き返される」

「プレゼンやスピーチで、『聞こえませーん』の声……」


こんな経験ありませんか？

叫ぶほどの大声を出す必要はないにしても、せめて相手に届くような、大きな声が出せるようになりたい……。

そんな悩みを秘めた方は、あなただけではありません。

でも、ご安心ください。本書はそのお悩みを解決します！

この本は、「**誰でも簡単に大きな声が出せる方法**」について書かれた本です。

ほんとかなあ。

そう疑われるのも無理はありません。

なぜなら、大きな声が出しにくいと感じている方のほとんどが、

「大きな声を出そうとすると、喉が痛くなる」

「腹筋が弱いから声がこもってしまう」

「年をとってしまったから仕方がない」

「自分なりに練習したけどうまくできなかった」


と大きな声を出そうと挑戦したけど、挫折してしまった経験をお持ちだと思うからです。

しかし、喉が痛くなったり、声がこもるのは、声帯や腹筋、年のせいではありません。

「大きな声を出すコツ」を知らないからです。

そんなあなたにとっておきのコツを伝授したいと思っています。

それは……「ちくわ」になるべし！　ということです。

ふざけているの？　と思われるかもしれませんが、大真面目です。詳しくは後ほどお

●まずは「ちくわ」になってみよう！

伝えしますが、なにしろ、このコツさえつかめれば、大きな声を出すのはそれほど大変ではなくなる、というくらいの秘伝です。

私は五歳から詩吟《しぎん》を始め、現在は渋谷のセンター街と青山で「ナチュラル詩吟教室」を開いています。そこではマンツーマンの個人レッスンと、グループレッスン、どなたでも参加できる「詩吟道場」を行っています。

これまで指導してきた生徒さんは一〇〇名以上。四歳から八〇代までと老若男女さまざまで、東京・関東近郊・静岡・名古屋・奄美大島と、全国からお越しいただいています。また、アメリカ・オーストラリアなど、海外在住の方に向けてインターネットを使った稽古もしています。

ナチュラル詩吟教室に来られる方々のほとんどが、まったくの詩吟未経験者です。もともと声が小さかったり、歌が苦手と感じている方も多いのですが、一緒に稽古を重ねていくうちに、**みるみる大きな声が出るようになって**、皆さん、とてもイキイキとされていきます。

この本で紹介する「大きな声を出す方法」は、日本人が古来より習慣として親しんできた「詩吟」の稽古法に基づいており、**いつでも誰でも、手軽にできて、しかも練習をすればさらに大きな声が出せるように**アレンジしたものです。

もともと声が小さな人でも驚くほど効果があったものや、プロのアナウンサーの方や声優さんなどにお伝えして反響があったものばかりを揃えました。

また、「大きな声」を出すことで、**喉をきたえて、老化や誤嚥《ごえん》を防ぐ**ことができます。誤嚥は食べ物等が誤って気管に入ってしまうことで、肺炎などの病気を引き起こす原因でもあります。

ある七〇代の方は、誤嚥予防のため、大きな声を出す習慣として詩吟を始めました。習い始めてからしばらくすると、夜中、咳き込んではなかなか切れなかった痰が、咳一発で切れるようになったそうです。大声を出す習慣を身につけることで、喉がきたえられ、喉の障害による病気の予防にもつながります。

さらに、大声の力は、高齢の方の老化予防だけに留まりません。「大きな声」が出せるようになると、年齢に関係なく、その人の性格や人生までが「前向きに」変わってしまうことがあります。

「苦手だった会話ができるようになり、彼女ができた」
「面接で大きな声で話すことができて、転職がうまくいった」
「二〇年続いていた人前での緊張がなくなり、仕事が増えた」
「大きな声が出るようになって、積極的な性格に変わった」
「大声を出すことでストレスがたまらなくなった」
「『明るくなった』と言われるようになった」
「過呼吸の薬を飲まなくていいようになった」
「会話が増えて、夫婦の仲がよくなった」

これらは、大きな声が出せるようになった方から寄せられた報告です。

では、なぜ大きな声を出すと、その人の性格や人生が「前向きに」変わってしまうのでしょうか。

それは、大きな声が出せるようになると、ずっと閉じてしまっていた「こころ」と「からだ」の扉を開くことができるようになるからです。その解放感は、とても気持ちの良いものです。

一度大声を出すことができたら、からだの奥底で眠っていた、誰も知らない自分に出会うことができます。そして、そこから、生きる上でとっても大切なことに気づきはじめるのです。

まずは気軽に挑戦してみて、実際の会話や日常の生活の中で試してみてください。そして、どんな変化が起きるのか感じてみてください。

一人でも多くの方に、「大きな声」を手に入れて欲しいと願っています。

Contents

第4章 声を出す極意 117

第1章

なぜ、居酒屋でビールが頼めないのか

大きな声は必要ない？

○居酒屋でビールが頼めない人

「す、すいません」

「……（ガヤガヤ）」

「すいませーん」

「……（ガヤガヤ）」

「すいませーん」

「はーい」

（よし、きたきた）

「お待たせしました！」

（あ、ちょ！　あっち行っちゃったよ！）

「居酒屋でビールが頼めないんです」

恥ずかしそうに訴える三〇代男性。早くも体型を気にして、ビールを控えめにしているのでしょうか。よく聞いてみると、どうやらそうではありませんでした。

「大きな声を出したつもりが、店員さんにまったく気づいてもらえない」
「違う席の声の大きな人に横取りされてしまう」

と言うのです。

いくら声を振り絞っても、ガヤガヤした居酒屋の喧噪《けんそう》に自分の声がかき消されてしまう。まるで、自分の存在が半透明になって今にも消えてしまいそうな、ある種の虚しささえ漂うと言います。

半分笑い話のようですが、実際は無視されたような錯覚にまで陥って、情けないやら寂しいやら、という気持ちになってしまうようです。

彼は肩を落として言います。

「そもそも大きな声の出し方がわからない」

と――。

○大きな声が出せない

一方、三〇～七〇代の女性から多く聞かれるのが、

「最近、『大きな声』が出にくくなっている気がするんです」

というもの。どんなときにそう感じるのかというと、

「普通の会話が聞き取りにくいと言われる」

といった日常的な悩みとして、声の問題を抱えているようです。

また、四〇代男性からは、

「仕事で一日中パソコンにかじりついている毎日で、『大きな声』を出す機会がほとんどない。このまま少しずつ活力が落ちていって、気がついたらガタッといってしまうのでは……」

こんな不安の声も。他にも、

「もっと大きな声を出せと言われる」
「声は大きいつもりだが、通らない」
「大きな声を出そうとすると、むせてしまう」
「大きな声を出すとすぐ喉がかれてしまう」
「大きな声が続かず、すぐ息切れしてしまう」

などなど。年齢、性別を超えて多くの人が、

「大きな声が思うように出ない」

「大きな声の出し方がわからない」

「もっと大きな声が出したい」


と感じているようです。

○声を出す機会がない

私たちはなぜ、大きな声の出し方がわからなくなってしまったのでしょうか。

その理由の一つに、現代日本において、普段の生活の中で、大きな声を出す必要がなくなった、ということが言えます。

メールやインターネットの発達のおかげで、「大きな声を出さなければならない状況」が大幅に減りました。

仕事や友人とのやりとり、家族との会話までもがメール一つで、声を出さずとも済ますことができてしまうのです。


「そういえば最近大きな声なんて出してないな」

と思い当たる方も多いのではないでしょうか。

○声が大きければいいというもんじゃない

また、社会的なマナーが厳しくなっているようにも感じられます。

先日、超有名ハリウッド娯楽コメディホラー作品を映画館に観に行きました。観客を楽しませるための驚かせる仕掛けが満載で、一緒に行った友人とワーキャー言いながら楽しんでいました。

ところが、隣の席の人から、思いがけないひと言をもらってしまったのです。

「静かにしてください」

と――。

電車の中で騒いでは怒られ、学校、ましてや会社、ひょっとすると自宅でも大きな声を出すことが禁止されていたり、好ましくないという風潮になっているようです。たしかに、あまりにうるさかったら他人の迷惑になりますよね。

しかし、人は声をもって何かを伝えたい、何かを発散したい、という気持ちが強い生き物です。

大きな声を出したいという欲求——、それを抑えながら生きている私たちは、せいぜい、カラオケで歌って発散するくらいしか方法がありませんでした。

そうは言っても、誰もが頻繁にカラオケに行けるわけでもありません。行けたところで、上手く歌わなければいけないプレッシャーにかられたり、そもそもカラオケの苦手な人にとっては苦痛でしかありません。

そうこうしているうちに、だんだんと大きな声を出す機会が減り、大きな声が出せなくなってしまった。

大きな声を出さなくてはならない場面でも、それができない。困った……。

どうやら、そんな問題を多くの方が抱えているようです。

大きな声が出ない理由

○こもる／通らない／かすれる／息苦しくなる／むせる／喉が痛くなる

「大きな声」が出ない、出し方がわからないと感じられている方は、次のような悩みを抱えているのではないでしょうか。

・声がこもる
・声が通らない
・声がかすれる
・息苦しくなる
・むせる
・喉が痛くなる

これらの原因のほとんどは、喉の筋肉や横隔膜、肩などのからだの各部位が硬くなってしまっており、それによって「**喉が締めつけられている**」ことで起こっています。

喉がやわらかく動かないと、声はからだの中にこもってしまいます。

声が外に出にくいので通らなくなります。

呼吸の通りも悪くなるので声がかすれ、息苦しくなり、時にはむせてしまいます。

それでも声を出そうとするとムダな力がかかり、ますます喉が締めつけられ、喉が痛くなります。

○からだが硬くなっている

では、なぜ、からだが硬くなってしまうのでしょうか。


その原因は、二つ。

一つは、**声を使っていないことや、年齢による老化からくる衰え**です。

声を出すもとの声帯は、筋肉でできています。また、声を出すには、声帯以外のあらゆる筋肉・内臓器官も使います。使わなければ、年齢とともに衰えて硬くなり、動きが鈍くなっていくのが筋肉です。

しかし、たとえ高齢であっても、積極的に声を出せば、声を出すことに関連する筋肉も発達し、衰えを防ぐことが可能です。

また、声を出すコツや技を習得すれば、少ないエネルギーで楽に大きな声を出すこともできるようになります。

まずは、第2章の「1：からだをほぐそう」で紹介している稽古を行ってみてください。からだや喉まわりの筋肉がほぐれ、声が出しやすくなるはずです。

からだが硬くなってしまうもう一つの原因は、緊張です。

子どもの頃は、無心に大声を出せていたはずです。

子ども同士で集まれば、どんどんどんどん大きな声を出し合って、自分を主張していきます。しかし、無理して大きな声を出している感じにも見えません。

「ぼくが……！　ぼくが……！　ねぇ、話聞いて！」

「わたしね……！　ちょっと、やめて、わたしが話してるんだから!!!」

遊びも喧嘩も大声で行われています。

子どもが平気で大声を出せるのは、子どもは自分の世界しか認識していないからです。

それが大人になるに従って、自分以外の世界、周囲を認識するようになります。

つまり、「どう見られているか」という他者の存在を意識するようになるのです。


「とにかくかっこよく見られたい」

「間違ったことを言ってしまったら恥ずかしい」

「『いいことを言った』『声がきれい』『歌がうまい』と思われたい」


するとどうでしょう。

みるみる緊張してからだが硬くなってしまいます。

からだが硬くなると、呼吸も浅くなり大きな声は出しにくくなってしまいます。

ただ心配はいりません。

周囲を気にして緊張するのは大人として健全な反応です。

しかし、実際には皆さんが思っているのとは違い、大きな声を出すことで緊張がおさまり、リラックスすることができるのです。

詳しくは、第4章の「大声が出ると緊張しない」を読んでみてください。

○自分の声が嫌いな人

大きな声を出すのはもちろん、とにかく自分の声が嫌いで声を出すのもイヤだ、という人は、実は**自分の声を聞いていない**ことが原因の一つだったりします。

子どもの頃に、自分の声についてイヤなことを言われた、というのがきっかけで嫌いになってしまった。そうした原因のために、本当の自分の声の魅力から目をそむけてしまっているのかもしれません。

どんな変わった声の人でも、**必ずその人にしかない声の魅力**を持っています。そして、その声は、その魅力を活かしながら磨くこともできるのです。

自分の声が嫌いな方は、第4章の「耳を鍛える方法」を読んでみてください。

なぜ大きな声は必要なのか

○大きな声が発揮する六つの効果

多くの人が出したいと思って、でも出せないでいる「大きな声」。

では、なぜ私たちにとって「大きな声」は必要なのでしょうか。

それは、「大きな声」が、私たちが日々生活する上でより良く生きるために必要な――生きる上でとっても大切な――次の六つの効果を発揮してくれるからです。

1：「大きな声」はコミュニケーションを円滑にする
2：「大きな声」が出せると自信がつく
3：「大きな声」はストレス発散になる
4：「大きな声」を出すと元気になる

5：「大きな声」が老化予防になる
6：「大きな声」で誤嚥を防ぐ

一つずつ解説していきます。

○コミュニケーションを円滑にする

第一に、「大きな声」はコミュニケーションを円滑にします。

どんなにメールやインターネットが便利になっても、本当に大切なことを伝えるには、やっぱり相手に届く声が必要です。声が出にくくなって話したいことも話せなくなったら寂しいですよね。

だからこそ、大きな声を出すちょっとしたコツを摑んで、声を出す習慣をつけたら、楽しい人生が過ごせるような気がしませんか。

なにより、大きな声が出ると、まるで魔法のような「思いが通じ合う」という喜びが待っています。

私たちが望んでいる「大きな声」とは、

「相手に伝わる声」

「普段の普通の会話が通る声」


です。けっして、喉を絞って怒鳴る声や、特別に「大きな声」というわけではありません。

しかし、声が小さくて相手に届かなければ、コミュニケーションは成立しません。

その結果……、

思いが伝わらない
←
苛立つ（相手には聞き取れない不快感を与える）
←
あきらめて相手に合わせて行動する
←
自信をなくし、コミュニケーションを避けるようになる
←
声を出さないからますます自信がなくなる

毎日つまらなくなる
↓
こんなネガティブなサイクルになってしまったら……嫌ですよね。
「大きな声」が出るようになると、普通に話している声が通るようになって、自然と相手に伝わるようになります。
「大きな声」が相手に届いてコミュニケーションが円滑になれば、このような心配はなくなり、人とつながる喜びも得ることができます。

○自信がつく

第二に、大きな声が出せるようになると、自信がついてきます。

なぜなら、大きな声が出せる、ということそのものが自信につながり、ますます大きな声が出るようになるからです。

ここで気をつけたいのが、「大きな声」を出すためには、

「こころの扉を開いて、本当の自分をさらけ出さなければならない」

とは必ずしも言えない、ということです。

実は、まったくその逆なのです。

つまり「大きな声」が出せること自体が自信につながって、こころの扉が開かれていくのです。

そして、自分自身のことを、前向きに肯定して受け入れることができるようになっていきます。

すると、あら不思議。


「自分の声が好きじゃない」

「自分の声がなんだか嫌だわ」

と思っていたのが、

「自分の声もなかなかチャーミングかも」

と思えるようになってくるのです。

そして、さらに不思議なことに、今まで嫌いだったものまで、急に愛おしくなる、という現象が起こることがあります。

大きな声を出すことで、自分を覆っていた殻を破り、世界を素直に受け入れることができるようになる——のかもしれません。

○ストレス発散になる

第三に、「大きな声」を出すとストレスを発散することができます。

大変な仕事が立て込んでイライラ、人間関係でモヤモヤなど、わたしたちは毎日の生活の中で、どうしてもストレスがたまってしまうことがあります。ストレスは上手に発散しないと健康に害を及ぼしますし、日々の活力も低下してしまいます。

そこで、よくグチを吐くと良いと言いますが、思いを声に出すことで、たまったストレスを吐き出すことができます。

とは言え、グチが吐けないことだってあります。

そんなとき、グチとはまったく関係のない言葉であっても、それを大きな声で発すると、たまったストレスや頭の中のモヤモヤが、一瞬で消えてなくなってしまうという驚きの効果があります。なぜなら、**大きな声を出す際に伴う深い呼吸に、リラクゼーション効果があるからです。**

また人は、声を出したくても出せない環境にいるとかなりストレスがたまってしまいます。

そういう意味でも、声を出すこと自体が、私たちに必要な本能に近い行為なのです。

○元気になる

第四に、「大きな声」を出すと元気になります。

その理由の一つは、大きな声を出すには、脳にも肺にも大量の酸素が必要だからです。

大きな声を出しながら、息を長く吐いて、さらに吐き切ると、その反動で、新鮮な空気が自然とたくさんからだに入ってきます。

体内に取り込まれた酸素は、血液中のヘモグロビンとくっついてからだの隅々まで運ばれて、細胞のエネルギー源となります。大きな声を出して、深い呼吸をしてたくさん酸素を取り込むことで、まず、脳が活性化して冴えてきます。

また、体中の細胞に酸素が行き渡り、細胞が活性化して元気のもとになります。

大きな声を出して何だかスッキリしたり、若々しく元気になる理由は、**酸素の充実にあったのです。**

つまり、大きな声を出すことは、健康や若さを維持するための呼吸法にもなっているのです。

○老化予防になる

第五に、声を出すことは老化防止にもつながります。

音楽心理学をされている山﨑広子氏の著書『8割の人は自分の声が嫌い――心に届く声、伝わる声』（KADOKAWA）によると、「脳の活性化は九〇パーセントが音によってなされる」そうです。

なぜなら、出した声は聴覚を通って脳で処理し、またそれを受けて新たな声を出す、というプロセスを踏んでいるからです。

さらに、「発する声を瞬時に調整する聴覚は認知機能を刺激するので、よく声を出す人の方が認知症になりにくいといえる」（同書）ともいわれています。

また、大きな声を出すには、喉はもちろんのこと、顔の表情筋、お腹まわりの内側の筋肉、それによって動かされる幾多《いくた》の内臓とからだのあらゆる部分を使います。したがって、からだ全体の活性化につながり、老化予防にとても有効なのです。

○誤嚥を防ぐ

第六に、「大きな声」を出す習慣をつけると誤嚥を防げます。

誤嚥とは、食べ物が誤って気管に入ってしまうことで、それが原因で肺炎になったりする恐ろしいものです。気管食道科専門医の西山耕一郎氏の著書『肺炎がいやなら、のどを鍛えなさい』（飛鳥新社）によると、二〇一一年の死亡率では、第一位ガン、第二位心臓疾患につづいて、第三位に誤嚥性肺炎が入っており、非常に増えているそうです。

本来ならば、勢いよく咳き込んだりむせたりすることで、誤嚥を防ぐことができるのですが、肺活量や喉のまわりの筋肉が衰えてしまった特に高齢者が、それができず、気づかないうちに気管に食べ物が入ってしまって、死に至るというケースが少なくないようです。

しかし、この誤嚥を防ぐのに、「大きな声」を出すことが好影響をもたらします。同著によれば、「大きな声や高い声を出すと、喉頭《いんとう》の筋肉が効果的に刺激され」るため、「『普段からしっかり声を出す習慣』が、飲み込み力を鍛えることへとつながっていく」そうです。

また、大きな声を出すことにより、「深く息を吸ったり吐いたりするようになり、呼吸機能が鍛えられ、肺活量が増加」し、呼吸機能が向上することで、嚥下力をアップさせることにつながります。

よって、大きな声を出すことが誤嚥予防にも役に立つのです。

大きな声を出す一番簡単な方法

それではさっそく、超簡単にできる「大きな声を出す方法」をご紹介します。騙されたと思ってやってみてください。

【稽古1】

①二～三メートルくらい先の標的を決める（人でも物でも部屋のすみでもOK）。
②標的のさらに奥の一〇メートルくらい先に人が一人いることを想像する。
③その人はとっても大事な物（鍵など）を忘れてしまって、あなたはその人にそのことを知らせなくてはならない（と想像する）。
④その人に向かって、利き手を勢いよく向けながら、一発で気づいてもらうつもりで、「おーーーーーい」と呼びかける。

●大きな声を出す一番簡単な方法

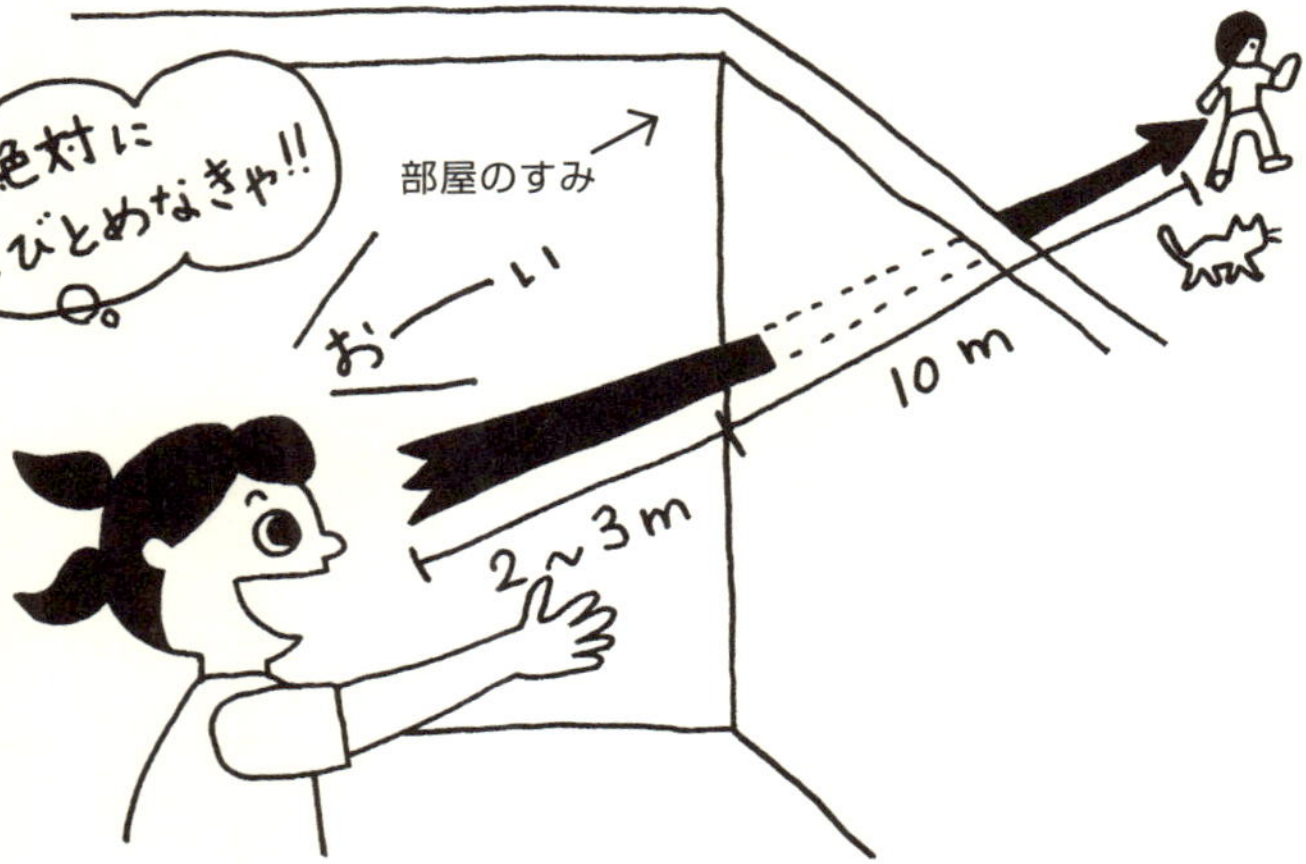

※コツ
・標的にしっかり当てるようなつもりで投げかける
・腕から手先まで真っ直ぐ手を標的に向けること

※チャレンジ
・実際に居酒屋でビールなどを頼むときに、一発で気づいてもらえるよう「手を使って」注文してみましょう（言葉は「おーーい」ではなく、「すいませーーーん」などに変えた方がいいですね）。

○まずは「ちくわ」になる

手を使った大きな声を出す方法。意外や意

外、自分でも出したことのないような大きな声が出たのではないでしょうか。

手を使うことで喉の緊張や力みがとれ、大きな声が出やすくなるのです。

実際に、この方法を使って、それまで声が通らないことが悩みだった人も、居酒屋でビールが頼めるようになりました。

とは言え、

「どうも勇気が出ない」

「そもそも大きな声を出すのが恥ずかしい」


という声が聞こえてきそうです。

ご安心ください。

一人でできる、もっと簡単で根本的に声が出る人になれる方法があります。

その方法とは、冒頭でも少しご紹介しました「ちくわ」になる、です。


【稽古2】

①天井を向いて口を大きく開ける。

● まずはちくわになる

②肩を下げ、膝を軽く曲げ、重心をお腹の下に下げて、上半身の力が抜けていくのを感じる。
③「あー」とからだの底から一番ラクな声を出す（「私はちくわ〜、私はちくわ〜」「からだの中は空洞」と念じる）。
③声を出しながら、顔を正面に戻す。
④からだの中に真っ直ぐな空洞ができ、声がからだに響くのを感じる。

※ポイント
・いきなり大きな声を出すのではなく、まずは「ちくわ」になって、空洞で真っ直ぐなからだに声が響いているのを感じてみましょう。

○いつもより少し大きな声が出せればＯＫ

ちくわになって声が出せたら、そのままのラクな状態で、声をだんだん大きくしていきます。

ここで問題発生です。

「大きな声ってどれくらい大きな声を出せばいいの？」

その答えは、「いつもより少し大きな声」です。

いつもより少し大きな声が出せたら、声を出すのはいったんやめて、少し休んでもう一回、まずは「ちくわ」になるところからトライ。今度はさっき出た声よりもまた少し大きな声が出ればＯＫです。

こうして、徐々に自己記録を伸ばしていきましょう。

はじめは思うように声が出なくても大丈夫です。

疲れたらすぐやめて、また気が向いたら別の日にトライ。不思議なことに、休んでいて何も練習をしていないのに、別の日にチャレンジすると、以前行ったときよりも大きな声が出ることが多いのです。

そうして、日をまたいで少しずつ行うと、最初は五回しかできなかった腹筋が次の日には七回、その次の日にはまた五回、また次の日には八回と、行きつ戻りつしながら進捗していく筋トレのように、大きな声も必ず出るようになっていきます。

大事なことは、

・きれいな声が出るようになる
・うまく歌が歌えるようになる
・会話が流暢《りゅうちょう》に行えるようになる

この三つを目標にするのではなく、まずはちょっとでも、以前の自分より大きな声が楽に出せればＯＫにする、ということです。なぜなら、「きれいな声」も「うまい歌」も「流暢な会話」も、**ある程度の大きさの発声**なくしては成立しないからです。

大きな声を出すという土台づくりをすれば、声に関する悩みの半分は解決したようなもの、と思って気楽にトライしてみましょう。

大きな声を出す技術

○喉の力はいらない

大きな声を出すには喉に力を入れなくてはならず、疲れると思っていませんか？

実は、まったくその反対です。

上手に大きな声が出せるようになると、からだはどんどん楽になっていきます。声が出れば出るほどスッキリして、疲れがとれてとっても気持ちがいいのです。

なぜなら、声に関しては、

「喉の力はいらない」

からです。

このことを知っておくだけでも、より簡単に大きな声が出るようになります。大きな声を出すのは技術（知識）です。

努力や頑張りももちろん必要ですが、間違った技術や知識のまま努力を続けていても進歩はなく、かえって喉を痛めかねません。

では、大きな声を出す技術とは何でしょうか。

それは、前にお伝えした「ちくわ」のように、からだを真っ直ぐにして声の通り道をつくってあげることと、喉が閉まらない（喉に力が入らない）ようにする発声の方法です（詳しくは第2章以降で解説します）。そうした技術の習得において大事なことは、実際に体験して身につけていくということです。

とはいえ、たいていの人が一度「ちくわ」をやるだけで、喉に詰まっていたものがスーッと通るように気道が確保されて、どんどん声が出てきます。

そしてくり返し行って習慣にすることで、からだがこの「ちくわ」状態を形状記憶して、「大きな声を出す技術」を身につけていってくれます。

○絶対に誰でもできる

それでも、

「大きな声が私に出せるはずがない」
「もともと大きな声の人しか出ない」

と頑なに思い込んでしまっている方も多いことでしょう。

しかし、**大きな声は誰でも出せます。**

なぜなら、大きな声は、人間に備わった生きていくための術だからです。

普段声が小さい人も、

「ゴキブリに遭遇したときに、自分でも飛び上がるような大声が出てしまった」
「ふと驚かされて、『ギャーーー！』と脳天が割れんばかりの声が出た」
「子どもの頃、わけのわからない言葉を大声でわめき散らしていた」

という経験が何かあるのではないでしょうか。

赤ちゃんは大声で泣いて、助けを求めます。

人は、生死に関わる危機的状況に陥ると、とんでもなく大きな声を発するという機能を持っています。

ただし、ここで注意が必要です。

大声で叫ぶのと、本書が目指している「大きな声」は似ているようで違います。

と言うのも、叫ぶ声は、その声を出す代わりに、「言語伝達能力」がなくなってしまうからです。「ギャー！」という言葉に意味はなく、ただ危険信号を発しているだけです。

これでは、大声が出ても、伝わる声にはなりません。


なおかつ、大人になると危機的状況も減り、大声は出す必要がなくなって出し方を忘れていきます。その代わりに、言語伝達能力はぐんぐんと上がっていき、大人になるに従ってたくさんの言葉が話せるようになります。

そこで、この自分の意志を伝えるための「大人の言語伝達能力」を保持しながら、使わなくなってからだの奥に隠されてしまった、大きな声を出すという能力を合わせていく。

これが私たちの身につけたい「**伝わる声を出す技術**」です。

この技術は、自転車に乗ったり、お箸を使ったりするような日常的な行為にも似ていて、「できるようになる瞬間がとってもあやふや」です。

くり返し練習しているうちに、いつの間にかできるようになっています。

さらに、できるようになってしまえば、その後はまったく努力する必要がなくなります。自転車でちょっとそこまで買い物に行くのも、お箸を使って三食のご飯を食べるのも、「わざわざする」ものではないですよね。もはや自然に、無意識にできることになっています。

それが「身につく」ということです。

ぜひ、ちょっと勇気を出して、最初のステップを踏み出し、大きな声を「身につけて」みてください。

【コラム①】大声はどこで出せるのか――おすすめの大声スポット

大きな声を出す練習がしたくても、家では近所迷惑になるので思いっきり出せない。広い公園でさえ、どうしても人の目が気になる……。

車を運転する方は、運転しながら車の中で大声の練習をされているようです。はたから見たらちょっとおかしいかもしれませんが、車の中も絶好の大声スポットです。では、車を運転しない人はどうするか。

おすすめの大声スポットは、カラオケボックスです。

最近では、「ヒトカラ」といって、一人専用のボックス席のような狭いカラオケもあり、一人でも気軽に行けるようになりました。ただし、大声を出す練習のためには、普通のカラオケボックスがおすすめです。なぜなら、大声を出すコツは、遠くに向かって出すことなので、部屋は広い方がいいのです。二～三名用の小さな部屋でも、すみっこに立って、マイクを使わず、前述の「誰でも簡単に大きな声を出す方法」で、対角線上の壁のすみに向かって大きな声を出してみましょう。

カラオケは防音ですので、思いっきり大声を出すことができます。たまに声が外に漏れて聞こえなくもないですが、お互い大きな音を出しているので気にする必要がありません。

安価なカラオケボックスですと、平日の昼間だと三〇分二〇〇円程度で利用できます。フリードリンクまでセットになっているところもあります。飲み物と場所を確保できてこのお値段ですので、かなりコストパフォーマンスが良いと言えるでしょう。

また、いかにもギラギラしたカラオケボックスではなく、和風であったりアジアンティストであったりと内装も綺麗でオシャレなところもあります。大画面でテレビや持ち込みのＤＶＤを観ることができたりと、休憩のために利用することも可能。アイスクリームの食べ放題までついていたりします。

のんびり休憩しながら、大声の練習。

ぜひ、お気軽にカラオケボックスを利用してみてはいかがでしょうか。

第2章

大きな声を出す四つのステップ

それでは「大きな声」を身につけていきましょう。

大きな声を「身につける」ために必要なステップは、次の四つです。

1：からだをほぐそう
2：丹田《たんでん》呼吸法
3：腹から声を出す
4：姿勢・目線・ちくわ

次の四つのステップを1から順に進めていくだけで、最速で驚くほど簡単に大きな声が出しやすくなります。

だんだん慣れてきたら、1、2、3のうちそれぞれ一つずつやってみる、2だけ暇なときにやってみる、などバラバラに行っても大丈夫です。

1と3は大きな声を出しやすくするためのものなので、慣れてきたらやらなくても大丈夫ですが、2と4は、大きな声を出すために欠かせませんので、出そうとする時には常に意識するようにしてください。

とは言っても、どれもとっても簡単ですので、少しずつトライしていってみてください。

1：からだをほぐそう

大きな声を出すためには、「からだをやわらかに保つ」ことが重要です。声はからだが楽器になります。からだが硬いと声は出ません。なぜなら、からだが硬いと声帯周りが緊張して声が自由に出しにくくなりますし、からだ自体も響いてくれなくなるからです。

○準備体操

まずは体操して、からだの緊張をとき、リラックスすると声が出しやすくなります。

【稽古3】

①全身の力を抜いてジャンプ（一〇回）。

● 準備体操

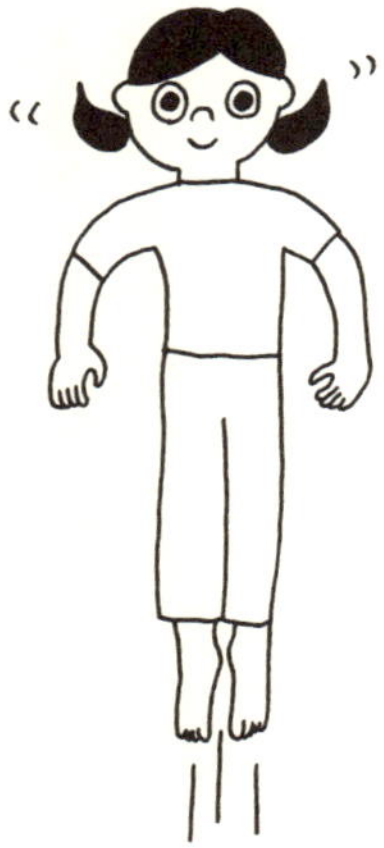

❶全身の力を抜いて
ジャンプ×10回

❷右肩を大きく
外回し10回、左も10回

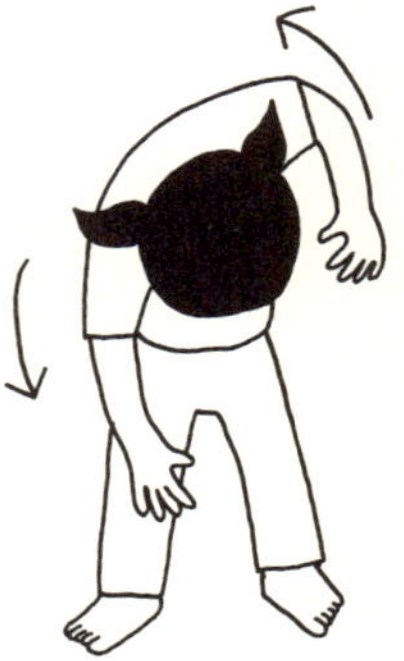

❸上半身を前に倒して、
肩を左右交互に
上げ下げしながら
上体を起こす

❹腰からねじる。
左右交互に10回

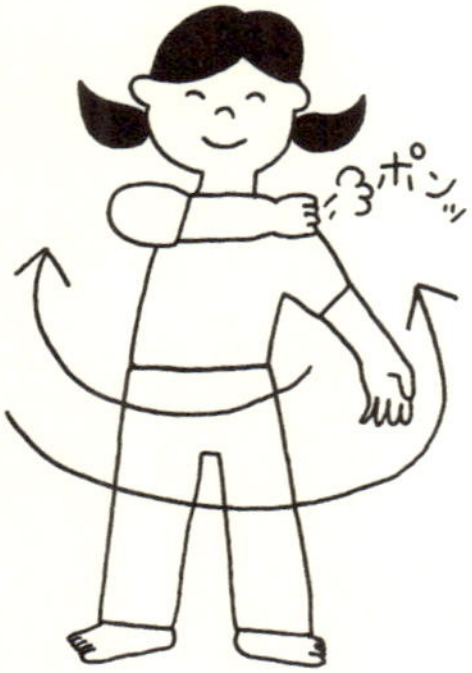

❺少し勢いをつけて
反対の肩をたたく。
左右交互に10回

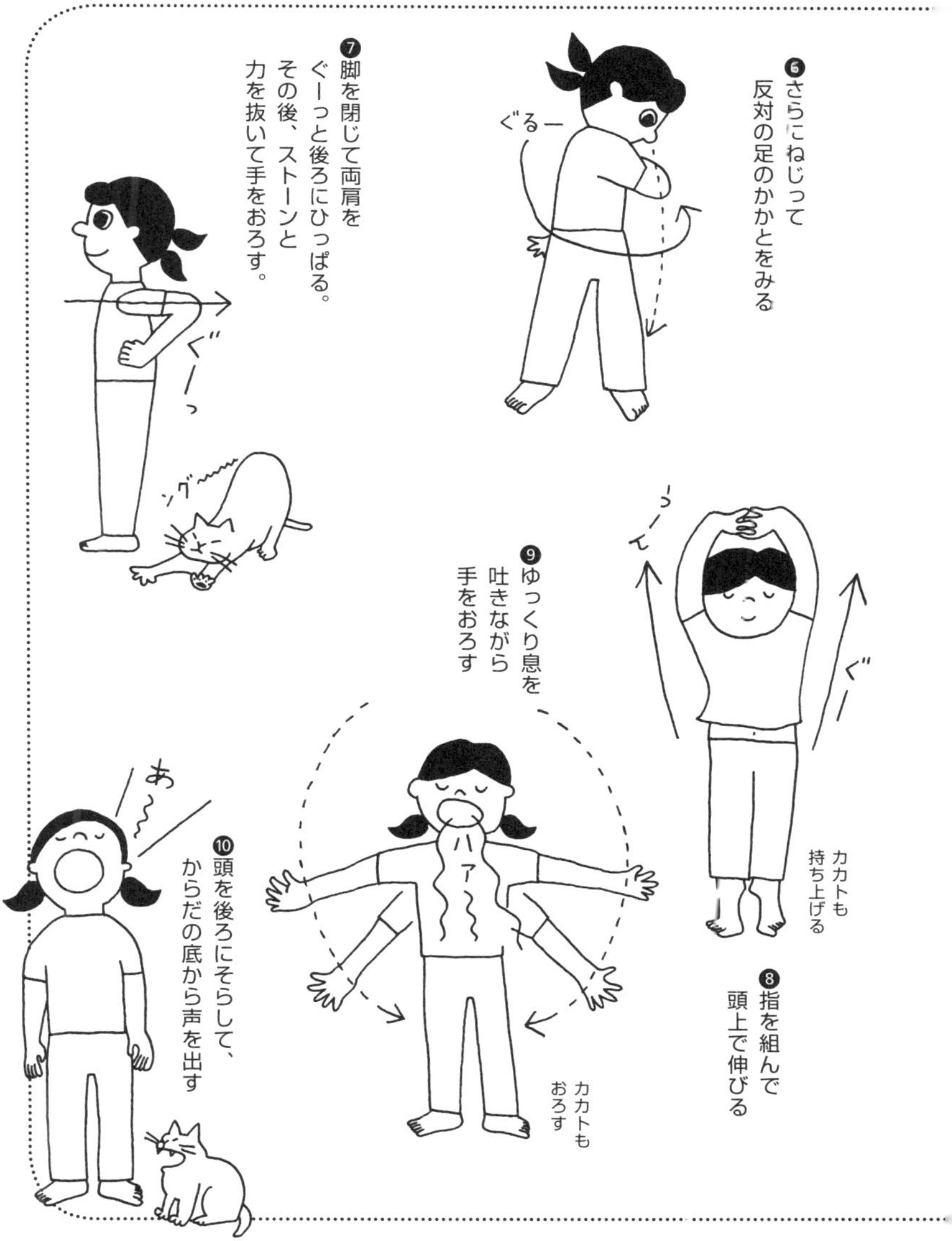

❻さらにねじって
反対の足のかかとをみる
ぐるー
❼脚を閉じて両肩を
ぐーっと後ろにひっぱる。
その後、ストーンと
力を抜いて手をおろす。
ぐーっ
❽指を組んで
頭上で伸びる
カカトも
持ち上げる
ぐー
❾ゆっくり息を
吐きながら
手をおろす
ハア〜
カカトも
おろす
❿頭を後ろにそらして、
からだの底から声を出す
あ〜〜

②右の肩を大きく外に回します（一〇回）。左の肩も大きく外に回します（一〇回）。
③足を肩幅に開いて、息を吐きながらダランと前屈をします。息を吸いながら、右と左の肩を交互に上げ下げをしながら、上体を起こしていきます。これをもう二回くり返します。
④からだの中心に軸をとりながら、振り子のように腰からねじります。左右《ひだりみぎ》と交互に一〇回。
⑤少し勢いをつけて反対の肩を叩きます。左右と交互に一〇回。
⑥さらにねじって反対側のかかとを見ます。左右と交互に一〇回。
⑦足を閉じて、両肩をぐーっと後ろに引っ張ります。ストーンと力を抜いて手をおろします。
⑧両手の指を組んで頭上で伸びる。脇腹をしっかり伸ばします。
⑨⑧で腕を伸ばした状態から、ゆっくり息を吐きながら手をおろします。
⑩頭を後ろにそらして、口を大きく開けてからだの底から「アー」と声を出します。
これで準備体操をしながらからだをゆるめて、⑩で「ちくわ」の状態になりました。

○アゴを動かす

今度は喉を広げるために、緊張しているアゴの周りの筋肉をゆるませていきます。

【稽古４】

①両手の人差し指と中指を立てる。

②立てた指を頬骨《ほほぼね》の一番端の耳の手前に当てる。

③下アゴを一番下まで開く。二本の指が開いたアゴ関節の間に入るまで。

④指はそのままの位置で口を閉じる（下アゴを戻す）。

⑤③④のくり返し三回。

⑥最後に下アゴを「ウェ～」と言いながら、左右に小刻みにゆらす。

※ポイント

・アゴがガクッとなっても痛くなければＯＫ。ただし無理のないようにしてください。

○ハミング

声を出すこと自体に抵抗がある方はハミングがおすすめです。

●アゴを動かす

❶両手の人差し指と
中指を立てる

❷耳の手前に
そえる

❸二本の指が
アゴの関節の
間に入るまで
口を縦にあける

❹口を閉じる
あける・閉じる×3回

❺アゴを
左右にゆらす

●ハミング

ハミングはからだに力が入らないので、喉を痛める心配もありません。

ご自身の声の響きでからだを癒し、リラックスしてからだをゆるめていってみてください。

【稽古5】

①胸に片手のひらをあてる。

②「んーーーーー」とやさしく声を出す。

③手のひらにジワーっとうすーく声の振動を感じる。

2：丹田呼吸法

さて、からだがゆるんで声を出しやすい状態が整ってきました。
次に大きな声を出すための呼吸法を解説します。

○腹式呼吸法

大きな声を出すには、腹式呼吸法を行います。腹式呼吸とは、おなかをへこませて長く息を吐き、吐き切ったその反動でおなかをふくらまして息をたっぷり取り入れる行為です（おへその下にある丹田というツボを意識するので丹田呼吸法とも言います）。

【稽古6】

①息を吐く（一〇秒）：口をすぼまして「フー」と細く長く吐き続けながら、お腹を軽

● 腹式呼吸法

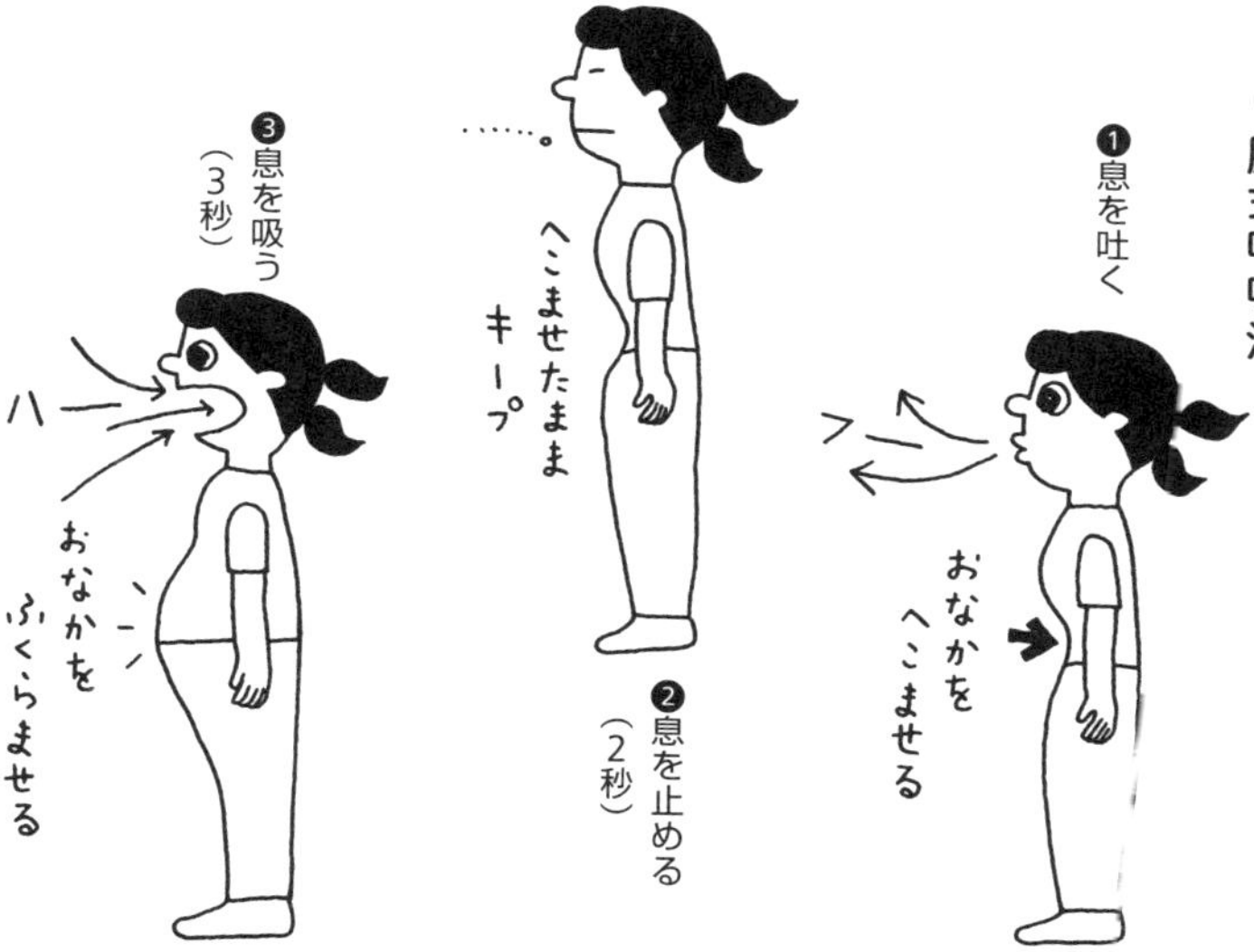
❶息を吐く
フー
おなかをへこませる
❷息を止める（2秒）
……。
へこませたままキープ
❸息を吸う（3秒）
ハー
おなかをふくらませる

くへこませる。べこっとへこませるのではなく、下腹をきゅっと背中へ押さえつけるようなイメージで行う。

②息を止める（二秒）：お腹をへこませた状態で息を止める。

③吸う（三秒）：一瞬で大きく口を開けて、同時にお腹を一気にゆるめると吐き切った反動で自然と息が入る。口を開けたまま三秒間キープしつつ、息がお腹から背中まで入っていくようイメージし、お腹まわりをビア樽のようにふくらませる。

④①～③をゆっくり四回ほどくり返します。

※コツ

・下腹部をへこます力は、お腹に入った息

を出すためではありません。お腹にたまった息をキープしておく力だと思ってください。ですので、腹筋トレーニングのように強い力はいりません。強い力よりも素早くキュッとへこませるのがコツです。

ちょうどパンパンに膨らました風船の口をつまんで少しだけゆるめて、少しずつ中の空気を出すときの、その口をつまむ力がお腹の力です。素早くつまんでキープしておかなければ中の空気はすぐ外に出てしまい、吐くための息（大きな声を出すエネルギー）はなくなってしまいます。

つまり、大きな声はお腹の力で押し出すのではなく、吸い込んだ空気をお腹の力でキープし、息がなくならないようにコントロールしながら出していきます。

※ポイント

・緊張やイライラしたときにも、腹式呼吸は副交感神経《ふくこうかんしんけい》を優位にして全身をリラックスさせてくれるので落ち着くことができます。瞑想《めいそう》やヨガ、坐禅《ざぜん》などでも腹式呼吸が説かれることが多いのはそのためですね。

反対に、胸が上下する胸式呼吸をすると交感神経の働きが活発になるため、血圧や体温が上がり心身が戦闘状態になります。肩などに力が入り、いわゆる「力んだ」状態になります。そうなると、声も出にくくなりますし、何より見た目がカッコよくありません。

○風船呼吸法

さて、腹式呼吸ですが、できているのかできていないのか、イマイチわからないという方も多いと思います。そこで、難しいことは一切忘れて、超簡単にできて、結果がすぐわかる方法をご紹介します。

風船を使います。

一〇〇円ショップなどで販売しているごく普通の風船を用意してください。

【稽古7】

①風船を思いっきり膨らます。なかなか膨らまない場合は、おへその下を背中に強く押しつけるようにしてより強く息を吐く。

②風船が膨らんで、息を吐き切ったら、くわえていた口をパッとはなす。

③パッの口のまま（口を開けたまま）、「アーーーー」と大きな声をなるべく長く出す。

いつもより楽に、より大きな声が出ればＯＫです。

●風船呼吸法

❷風船を口から外して息を吸い込む

腹式呼吸ができるようになるとたくさんの息が取り込めるので、喉に負担をかけず、大きな声が出せるようになります。取り込まれたたくさんの息が、そのまま大きな声を出すためのエネルギーになるからです。

しかし、息を吐き切れないと、息を取り込めません。

○ストロー呼吸法

大きな声を出せない人で「息を吐き切るのが苦手」という方がかなりいらっしゃいます。「声を出す」ということと「息を吐く」ということは密接なつながりがあるので、まずは息を吐くということを練習してみましょう。

簡単で効果がある方法としては、「ストロー

●ストロー呼吸法

呼吸法」がおすすめです。

【稽古8】

①五センチほどの長さに切ったストローを口にくわえて、そこから息を吐く。

②息を吸うときは鼻から吸うとからだがよりリラックスしていきます。

※ポイント

・この方法を練習していくと、「息を集注《しゅうちゅう》する」（息をひとつにまとめていく）ということが感覚として理解できるようになります。腹式呼吸や風船呼吸が難しいと感じられる方は、まずこちらから試してみてください。

3：腹から声を出す方法

よく「腹から声を出せ」と言いますが、その出し方自体はよくわかりませんね。

先ほどの腹式呼吸を使って声を出せばいいのですが、はじめのうちは、呼吸と同時に意識して声を出すのはなかなか難しいものです。

そこで、からだを使って、簡単に腹から大きな声が出せる方法をご紹介します。

この方法で、一度でも腹から声が出た感覚を味わえると、その後、大きな声が出しやすくなります。

○四股を踏む

まずは、お相撲さんがやっている「四股《しこ》」を踏みます。

四股を踏むと、下半身に重心が下がって、お腹から大きな声が出る感覚が得られます。

【稽古9】

①足を大きく開いて、膝を曲げて、腰を落とし、膝の上に手を載せます。

②右足から足を持ち上げて床を踏みつける。左足も同じように持ち上げて踏みつける。これを二回ずつくり返します。

③膝を曲げ、腰を落とした状態のまま、おへそを背中に押し付けるようにして、アゴを引いて首の後ろを長くして、床に向かって「ヤーーーー！」と声を出してみましょう。

※ポイント

・足が大きく開けない人、膝があまり曲げられない人は、無理のない範囲でやってみましょう。軽く膝を曲げるだけでも、声が出やすくなります。

○丹田充実法

続いては、一瞬で大きな声が出る方法です。

整体の世界で行われる「気合法」とも呼ばれるもので、「自分の丹田に気合をかける」方法です。

● 四股をふむ

❶腰を落とす

❷お相撲さんになったつもりで、四股をふむ

ヨイショ！
ニャコッタ
ニャコッタ

❸床に向かって大声を出す

背中まっすぐ
おなかはへっこます

●気合法

声が何となく出にくいなあ、というときなどに行うと、腹からいい声が出るようになります。

【稽古10】

①できれば正座で、難しい場合はイス等に座っている状態でＯＫ。

②両手の指を組みます。

③その手を自分の目の前に伸ばし、「エーーーーイッ」という掛け声とともに、丹田（おへその下）に向かって引き寄せます。

※注意点

・人によって声が出しやすいやり方はまちまちですので、うまくいかなかったとしても気にしないこと。いろいろな方法を試してみて、自分に合う方法が見つかったら、それをくり返しやってみてください。

＊＊＊

さて、だいぶ大きな声が出しやすい状態が整ってきたのではないでしょうか。
最後は、大きな声を出す上で必須の、三つのコツをご紹介します。

4：姿勢・目線・ちくわ

大きな声に欠かせないのが、真っ直ぐな姿勢、真っ直ぐな目線、そして、「ちくわ」のようにやわらかいからだです。これら三つを意識するだけでも、声の伝わり方はガラリと変わっていきます。

①：姿勢
②：目線
③：ちくわ

一つずつ、詳しく解説していきます。

○姿勢を簡単に正す方法

まず一つ目は「姿勢」です。

大きな声を出すためには、キレイに真っ直ぐ立つ必要があります。

なぜなら、声を出すということは、自分のからだが楽器になるということだからです。自分のからだが空洞の管楽器だと思ってください。タテ笛が曲がっていたらいい音が鳴らなそうですよね。真っ直ぐの空洞をつくり、からだの中から音を響かせましょう。

と言っても、それほど難しく考える必要はありません。

簡単に真っ直ぐ立つ方法があります。

次のやり方で「真っ直ぐ立つ」ことにチャレンジしてみてください。

【稽古11】

①足を腰幅程度に開けて、立つ。

②その場で軽く、両足でジャンプ。

③ジャンプをすると、地に足が着いたときに両膝が曲がるので、そのまま膝を曲げた状

● **姿勢を簡単に正す方法**

❶その場でジャンプ

❷着地のときひざが曲がるので、そのまま膝を曲げた状態をキープ

❸ゆっくりひざを伸ばしながら上体をおこす

態を保つ。

④そこからゆっくり膝をのばしながら上体を起こす。

⑤真っ直ぐな姿勢のできあがり!

※ポイント

・人はジャンプをすると、転ばないように両膝を曲げ、骨盤を立てて上半身を支えるような状態になります。また、一番大事な頭蓋骨《ずがいこつ》が骨盤の真上にくるようになるので、背骨を真っ直ぐにしたまま上体を起こすと、骨盤が立って、頭蓋骨がその延長線上にのっかり、真っ直ぐになった良い姿勢ができあがります。

※注意点

・姿勢を良くしようと思うと、つい背中が反ってしまいがちです。できれば鏡で横向きの姿を映して、背骨が反っていないか確認しましょう。尾骨を床に向け、お腹をひっこめるように意識すると、背中が反らずに真っ直ぐできれいな姿勢が保てます。

○目線の方にしか声は飛ばない

大きな声を出すコツ、二つ目は「目線」を定めることです。

【稽古12】

①「姿勢を簡単に正す方法」で真っ直ぐ立つ。
②自分の顔の真っ直ぐ正面にある、なるべく遠くの一点を決めて目線を向ける。
③しばらく見つめる。あちらこちらに目線を移動させず、できるだけ目をつむったりしないようにする。

※ポイント

・遠くを見つめ、それに向かって声を出そうとすると大きな声が出やすくなります。なぜなら、声は物理的なもので、かつ意識そのものでもあるからです。声をボールだと

●目線を定める

思ってください。遠くに投げようとすれば、それだけの距離分のエネルギーが必要となり、大きな声が出やすくなります。あさっての方向を見たり、目をつむったりしてはボールを遠くの的まで届けるのは困難です。声も同じなのです。

※注意点

・声を伝えたい相手がいるにも関わらず、何か読まなければならないテキストを手に持っている場合、それを見ながら声を出していませんか。このとき、目線は下に落ち、声はそのテキストにしか届かず、聞き手に伝わりにくくなってしまいます。テキストを持つ場合は、目線よりやや上に持ち、顔の前にかぶらないよう

●簡単にちくわになる方法

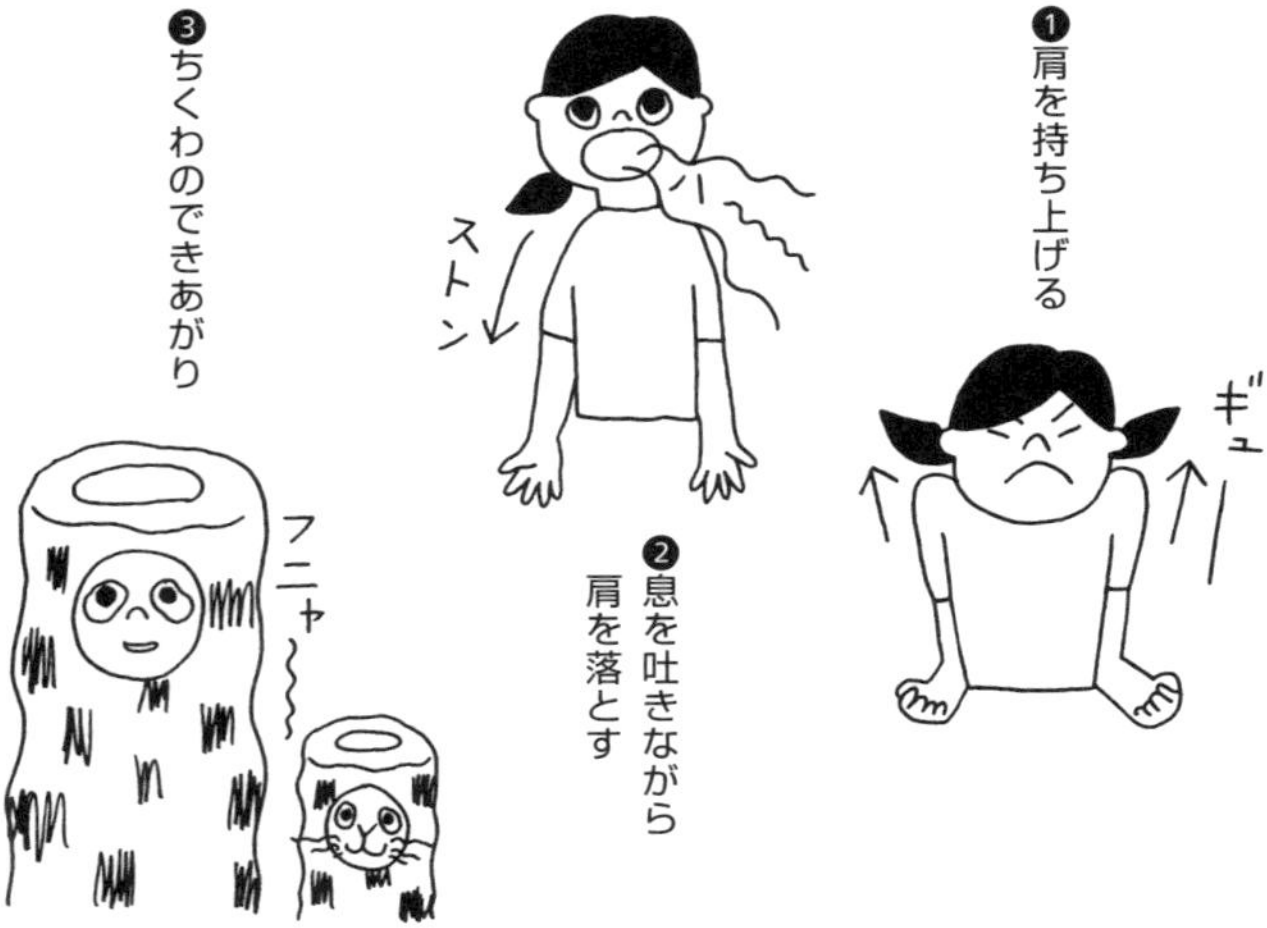

❶肩を持ち上げる
ギュ
❷息を吐きながら
肩を落とす
ストン
ハー
❸ちくわのできあがり
フニャ〜

にしましょう。

○簡単に「ちくわ」になる方法

さて、最後に大きな声を出すコツ三つ目は、「ちくわ」です。第一章でもご紹介していますが、ここでは、簡単に一発で「ちくわ」になる方法をお伝えします。

【稽古13】

①「姿勢を簡単に正す方法」で真っ直ぐ立つ。
②両肩をぐっと耳に近づける。
③下アゴを大きく下まで開けて、息を「ハーッ」と吐きながら、肩をストーンと落とす。
④これで「ちくわ」のできあがりです。

やってしまいがちな三つのＮＧポイント

大きな声を出す四つのステップができたら、第1章の「大きな声を出す一番簡単な方法」で、「おーーーーーい」と大きな声を出してみましょう。

その際に、やってしまいがちな三つのＮＧポイントがあります。以下ご紹介いたしますので、確認してみてください。

ＮＧ１：アゴが前に出る

ほとんどの人が大きな声を出そうとすると、アゴが前に出てしまいます。

しかし、アゴが前に出ると大きな声は出にくくなるので注意が必要です。せっかく「ちくわ」のように真っ直ぐにした喉が、折り曲がってしまい、声が通らなくなってしまいます。

そこで、アゴが前に出ないようにするための方法です。

●やってしまいがちな三つのNGポイント

❶アゴが前に出る

❷からだをゆらす

❸「ドカン」になる

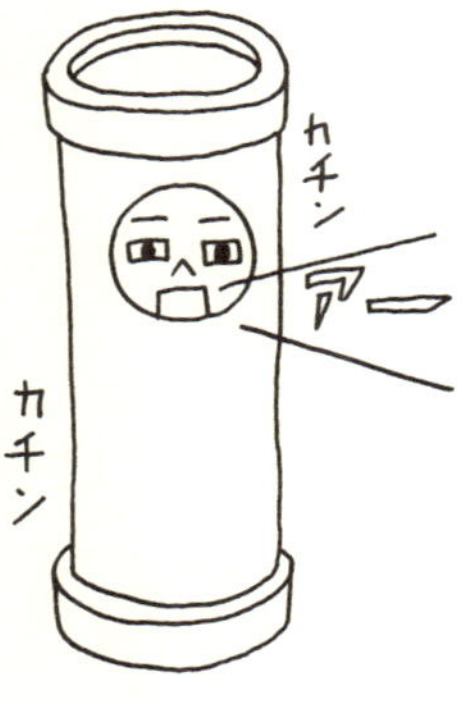

【稽古14】

①壁に背中と頭の後ろをつけて立つ。

②「アーーーーーー」と大きな声を出す。頭と背中が壁から離れないようにキープ。

③頭が壁から離れてしまったら、頭を後ろに引いて、壁につける。

※コツ

・どうしてもアゴに力が入って前に出てしまう場合は、膝も曲げてみましょう。重心が下腹部に下がり、アゴの力が抜けて頭を壁につけやすくなり、声もより通りやすくなります。

※ポイント

・アゴがあがりすぎてしまった場合は、軽くアゴを引き、首の後ろが背骨まで真っ直ぐになるようにしましょう。ただし、アゴを引きすぎると、今度は首が前側に曲がってしまうのでほどほどにします。

・首の後ろが真っ直ぐになると、声がスーッと通るようになります。しかも、見た目も

●アゴの出ない姿勢をつくる方法

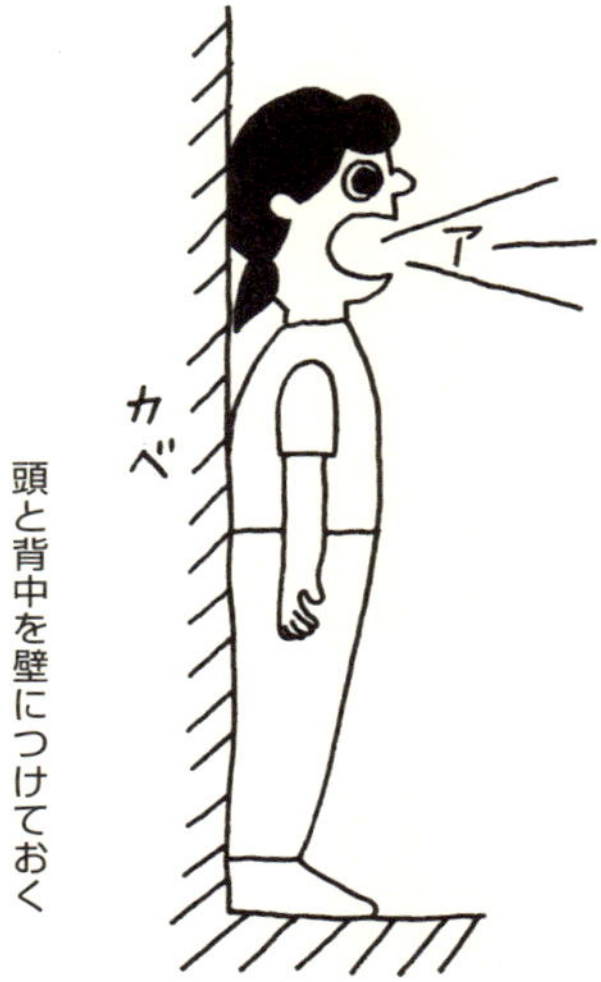

美しくなるので一石二鳥です。

・頭やアゴの位置で声の出しやすさが変わり、そしてそれを意識して正しい位置に調整することで、声を出しやすくできるということを体感してください。

○NG2：からだをゆらす

大きな声を出そうとしてからだをゆらしていませんか？

大きな声を出そうとすると、つい力が入ってからだや頭がゆれてしまいます。しまいには、手まであらぬ方向にゆらゆら……。

これでは大きな声も出ないばかりか、見た目もカッコ悪いですね。

からだがゆれると、からだの中の「ちくわ」

●からだをゆらさない方法

頭の上に本を載せて落とさないように声を出す

の空間がゆれて、声が真っ直ぐ響かなくなってしまいます。

そこで、からだをゆらさないためのとっておきの方法です。

【稽古15】

①「姿勢を簡単に正す方法」で真っ直ぐ立つ。

②両腕は体側に沿って一番下まで下げ、指先を軽く太ももにつけ、肩の力をゆるめます。

③頭の上に文庫本サイズくらいの本かノートのようなものをのせます。

④真っ直ぐ前の一点を見つめ、「アーーーー」となるべく長く声を出します。

⑤頭にのせた本が落ちなければＯＫ。落

ちてしまったらやり直し。

※ポイント

・頭にのせた本が落ちるということは、頭やからだがゆれてしまっているということです。頭はちょっとでも動くとすぐ本が落ちますので、一ミリもゆらさないつもりでトライしてみましょう。みるみるよい声が出てきます。

○NG3：「ドカン」になる

大きな声を出そうと力み過ぎて、カッチカチの「ドカン」（土管）になっていませんか？同じ中身は空洞でも、外身はやわらかい「ちくわ」をイメージしてくださいね。

大きな声が思うように出ない最大の原因は、緊張してからだが硬くなっていることにあります。とにかくからだを解放してあげましょう。

【稽古16】

①どんな姿勢でもいいので「アーーーーーーー」と大きな声を出す。

②声を出しているときに、意識を肩に向けてみる。

●無意識の緊張を感じ取る

日常生活から
肩を下げる
意識を持つ

③肩がちょっと持ち上がっていたり、力が入っていることに気づいたら、両肩をぐっと下げる。

※ポイント

・日常生活の中でも、パソコンやスマホを見ている時や、歩いている時など、ちょっとした時に肩に意識を向けてみてください。無意識に肩が持ち上がっていたり、力が入っていることがあります。気づいたら肩を下げるようにしましょう。

普段から意識的に緊張をとく習慣がつくと、からだがほぐれやすくなり、声が出しやすくなります。

【コラム②】吹き矢でお腹から声が出る！――楽しみながらトレーニング

気持ち良い大声には腹式呼吸が不可欠です。しかし、お腹を意識すればするほど、どうしても喉や肩など他の部分にも力が入ってしまいがち……。自然と腹式呼吸ができて楽しんでトレーニングできるものはないものか。

おすすめは「吹き矢」です。

吹き矢は集中して強い息を吐きますので、自然と腹式呼吸になります。

試しに吹き矢を吹くつもりで強く息を「フッ」と吐いてみてください。お腹が一瞬強くへこんだはずです。大きな声を出すにも、これとほぼ同じことを行いますので、吹き矢で腹式呼吸を自然に行う習慣をつけることが、大声を出すためにはとても有効と言えます。

吹き矢というと忍者のイメージが強いかもしれませんが、現代では「スポーツ吹き矢」といって、競技や大会、段位試験などもあり、全国に一〇万人の吹き矢愛好家がいるほど人気の趣味となっているようです。
吹き矢で楽しんでお腹を鍛えて、大声に活かしてみてはいかがでしょうか。

第3章

日本語の美しい伝え方

さて、大きな声を出す土台が整ったら、いよいよ声を出していきます。

この章では、人に気持ちを伝える上で大切な「日本語の美しい伝え方」のコツをお伝えします。

次の方法を知るだけで、驚くほど美しく日本語を声に出すことができますよ！

「通る声」の出し方

まずは、簡単に「通る声」を作る方法です。日本語を美しく伝えるにも、まず言葉が相手に届かなければ始まりません。

○口を縦のままアエイオウ

声が通らない、出しにくいと感じている方のほとんどは、喉と口が開いていません。次の方法でまず喉を開いて、さらに声の出口である口の形を整えましょう。

【稽古17】

①まずはリラックスして、意識的に「あくび」をするようなつもりで、口を縦に大きく開ける。

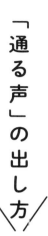

②その口と喉のまま、舌だけほんの少しずつ動かし、口の形（くちびる）を滑らかに変化させながら「アーーーエーーーイーーーオーーーウーーー」とつなげてひと息で発声する。

【ア】口を縦に大きく開ける、下アゴを一番下まで下げる
【エ】「ア」の口から舌の真ん中から先を少し浮かす
【イ】「エ」の口から舌の上面と口の中の天井の間を狭くしていく、喉はアの形を保つ
【オ】「ア」の口から横幅を狭くしていく、頬と唇を前に突き出す

●口を縦のままアエイオウ

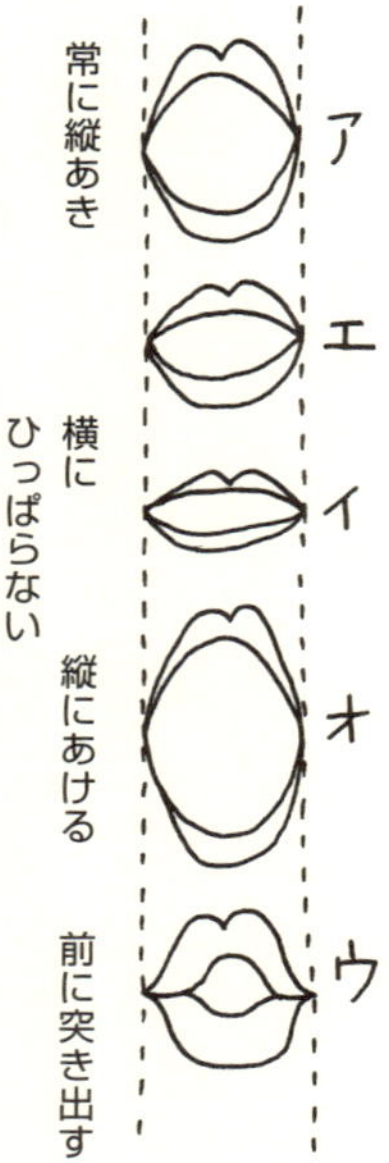

【ウ】「オ」の口から唇を縦方向に閉じていく、口の中はオの形を保つ

※コツ

・舌の先を下前歯の生え際にちょんとそえるようにしておくと、開いた喉の状態が保ちやすくなります。

※ポイント

・口は常に縦に動かし、鼻の両サイドの延長線上から口角が横にはみ出さないようにして、無駄に力が入らないように意識しましょう。

・特に「イ」と「エ」の口は、にっこり笑ったときのように口角を両サイドに引っ張ると喉が閉まって声が出にくくなってしまいます。子どもの頃に習ったハキハキ「あいうえお」の口は禁物です。

・「イ」と「エ」は一瞬出しにくくなりますが、しばらく出し続けながら「ア」の喉をキープしようと意識すると、喉が開いて声が通るようになってきます。

○母音に変換して読む

「声はいいのになんだか話し方が不自然」
「声がこもって聞き取りづらい」

そんな悩みを抱えた人はいませんか？
この原因は、

「抑揚をつけすぎて、ある音だけ長かったり強かったりしている」
「照れてしまって、無意識に、言葉が速くなったり小さくなったりしている」

など、言葉のスピードと大きさがバラバラになっているため、聞き手にとって、言葉自体が聞き取りにくくなってしまっていることにあります。

声がこもる人や、不自然に聞こえる人は、一音ずつの言葉を母音に変換して、「一音一音同じ大きさ、同じスピードで出す」稽古を行ってみましょう。

【稽古18】

①まず、文章のすべてをひらがなにしてから、一文字ずつ母音に変換する。
②一音一音等間隔に並べて、同じ大きさ、同じスピードで読む。
③元の文章に戻して読む。

【例】古池や　蛙飛び込む　水の音（松尾芭蕉）
←
ふるいけや　かわずとびこむ　みずのおと
←
ういえや　ああうおいおう　いうおおお

※コツ
・変な感情を入れずにルールに従って行うと、かえって言葉が伝わるようになります。

○長音・連母音・連子音

次は、より通る声を出すための三つのポイントです。

①「長音《ちょうおん》」……伸ばす音です。「ちょうおん」の「ちょう」の部分で、発音する際に、「ちょー」と棒伸ばしになる発音体です。

②「連母音《れんぼいん》」……母音が連続する場合、たとえば「○○を」と助詞「を」がついたときに、前の言葉の語尾の母音が「お」になっている場合などを言います。

③「連子音《れんしいん》」……はねる音、促音です。小さい「っ」の部分です。ローマ字で書くと同じ子音が二つ並びます。

この三点は、言葉がくっついて意味が聞き取りづらくなってしまう場合があります。そこで、この三点を、声の大きさに比例してはっきり大きく主張すると、日本語が美しく通るようになります。

・「長音」：伸ばす部分は母音の「お」を一拍分発音する

【例】「挑戦」↓「ちょーせん」↓「ちょおせん」

・「連母音」：重なる二番目の母音「を」を「ぅぉ」と言い直す（※長音とセットになることが多い）

● 長音・連母音・連子音

【例】「象を」↓「ぞーを」↓「ぞおを」↓「ぞおぅぉ」

・「連子音」：小さい「っ」を一拍分、無音でカウントする

【例】「とっても」↓「と○ても」（○は無音で一拍）

【稽古19】

①テキストを見て、ふりがなをふり、「長音」「連母音」「連子音」の箇所をチェックして、書き換える。

②それぞれ意識して、大きな声で発音する。

【例】牀前《しょうぜん》　月光を看《み》る（李白作「静夜思」より）

←

しょうぜん　げっこうをみる

←

①　②③④

しょーぜん　げっこーをみる

①長音　②連子音　③長音　④連母音

←

①　②③④

しょおぜん　げ◯こおぅおみる

①「お」を発音　②一拍とる　③「お」を発音　④「を」↓「ぅお」と言い直す

「伝わる声」の出し方

さて、一音一音大きな声で発声する稽古で、基本の通る声が出るようになったのではないでしょうか。今度は、少しだけステップアップして、伝わる声のための稽古を行います。

○無声音を意識する

「大きな声を出そうと一生懸命ハキハキ読み上げているのに、何だか子どもっぽくなってしまい、言葉の内容が伝わらない」

こんなこともあるかもしれません。せっかく大きく通る声が出るようになっても、内容が伝わらなくては意味がありません。この原因は、**日本語一語一語すべてを大きな声で発してしまうと、言葉として意味が伝わりにくくなってしまうから**です。

なぜなら、日本語の単語の発音には「無声音《むせいおん》」というものがあります。無声音とは、文字どおり「声の無い音」です。カ行、サ行、タ行、ハ行などがそれにあたります。これらは大きい音にはならず、ほとんど息の強さで発音されます。無声音を意識するだけで、日本語はとたんに伝わりやすくなります。

【稽古20】

①次の言葉を発音してみる。

【例】月：（つき）［tsuki］× ↓［tski］○

「つ」の母音「u」が大きくなりすぎないよう発音して「つき」と言う。子音の「ts」を意識的に息を強く発音する。

【例】○○して：［shite］× ↓［ste］○

「し」の母音「i」が大きくなりすぎないよう発音して、「して」と言う。子音の「s」を意識的に息を強く発音する。

● 無声音を意識する

※コツ
・無声音を強く発音できるように、しっかり息を強めます。
・普段の話し言葉を思い出しながら発音すると上手くいきやすいです。
・わかりにくい場合は、あえて母音を強く発音してみてください。その後、母音が目立たないよう子音を強く発音してみてください。最初の方が子どもっぽく言葉の意味が伝わりにくく、後の方がより自然で言葉の意味が伝わりやすくなるはずです。自分の耳で聞き比べて、確認してみましょう。

○情感を伝える「子音」を大切に

また、伝わらない声の原因は、言葉が不明

瞭なことにもあります。その結果、「何を言っているのか聞き取りにくい」「言葉の意味がわかりにくい」と思われがちです。

そんなときは、言葉の頭の子音の発音を工夫してみましょう。

母音が、声を大きく通るようにしてくれる効果があるのに対して、子音は、明瞭に発音することで、言葉の意味を際立たせる効果があります。子音は瞬間的に発する雑音のようなもので、普段ほとんど意識することはありません。しかし、この複雑な雑音が、その言葉が表す情景や情感を伝えてくれているのです。

【稽古21】

①言葉の頭の子音を、時間をかけて言う。

【例】「霜」⇒「ssshimo」(「し」の子音の「s」を長めに言う)

サ行の子音「s」は、歯の間から息が漏れるのが特徴です。静かにするときに「シーーー」というのと同じように、いかにも静まった、霜の立つような寒さが伝わり、言葉の意味をより明確に表現してくれます。

【例】「見る」⇓「mmmiru」（「み」の子音の「m」を長めに言う）

マ行の子音「m」は、口を閉じてから発音しますので、一度しっかりと口を閉じてから、時間をかけて発音してみましょう。いかにも一つのものを凝視したような、「見る」という状態が伝わります。

【例】「闇」⇓「iiiyami」（「いーーやみ」と言う）

ヤ行の子音は、歯をくいしばった「い」を長めに言ってから発音してみましょう。いかにも深い暗闇のイメージが伝わります。

※注意点

・何でもかんでも言葉の頭の子音を長く言っても、反対に意味が通じなくなることがあります。それぞれの言葉や文脈によって、どれくらい伸ばしたらいいかが変わってきますので、実際に声に出してみて、意味がより伝わりやすくなる発音方法を探してみましょう。

・強調したい言葉にこの方法を用いると大変有効ですが、強調する必要のないときには使わない方がよいこともあります。

○言葉に対するイメージ通り話す

さて、「伝わる声」のためのコツをお伝えしましたが、ちょっと難しかったかもしれません。そこで、あまり難しいことは考えずに、簡単に「日本語を美しく話し、自分の思いを正しく伝える」ための最重要ポイントをお伝えします。

それは、

「言葉に対するイメージ通り話す」

です。

たとえば、「なし」と言ったときに、「梨」のイメージが伝わるか、それとも「無し」なのか。

「梨」と「無し」の発音の違いは何でしょうか。

「梨」は「し」に高アクセント。「無し」は「な」に高アクセントです。

しかし、それだけではありません。

よーく聞いてみると、「な」の音色も大きさも「梨」と「無し」では違います。「梨」の「な」の方が口が縦にあいて母音の「あ」が強く、丸みを帯びた、いかにも「梨」っぽいイメージを伝えています。同じひらがなの発音でも、言葉の意味によって発音の仕方が微妙に異なります。

語感やＡＩの研究をされている黒川伊保子氏の著書『日本語はなぜ美しいのか』（集英社）によると、日本語は、言葉の語感とイメージがほぼ一致しているそうです。日本は島国で人の移動が少なく、文字がなかった古代日本語の発音がそのまま残っているからだといいます。

日本語には擬音語《ぎおんご》や擬態語《ぎたいご》が多くあります。キリキリは尖った痛み、キンキンは耳をつんざくような高音といったように、発音がイメージを伝えます。ということは、言葉に対するイメージをはっきり持って、その文脈をきちんと理解して、何を伝えるかを確信した上で、「なし」と言えば、相手に伝わる「なし」が言えるでしょう。

つまり、日本語の場合、「イメージ通りに発音する」ということが、思いを伝える上でとても大切なのです。ただし、イメージを湧かせようと自分だけの世界に入ってしまうと、相手に伝わりづらくなりますので注意が必要です。

○鼻濁音

意味を伝えるための発音も大事ですが、日本語を美しく発音するちょっとしたコツをおさえるだけでも、聞き手に届く「伝わる声」は出しやすくなります。

その一つに、「鼻濁音《びだくおん》」というものがあります。

これは、「ガ行」が言葉の中に出てきた際に、鼻にかけて濁らせて響かせるものです（言葉の先頭にくる場合は例外）。

最初は慣れなくて恥ずかしいかもしれませんが、この鼻濁音ができると、日本語の発声は非常に美しく、かつ自然になります。

【稽古22】

①軽く口を閉じて「んーーーー」と声を出す。

②声を出しながら、口を縦に開けて、鼻をつまらせながら「んーーーが」と声に出す。

③鼻が詰まったような感じで丸みを帯びた「が」が出れば鼻濁音の完成。

④その発音で「私が、」「ふんがい」など、鼻濁音が出てくる文章を声に出してみる。

●鼻濁音

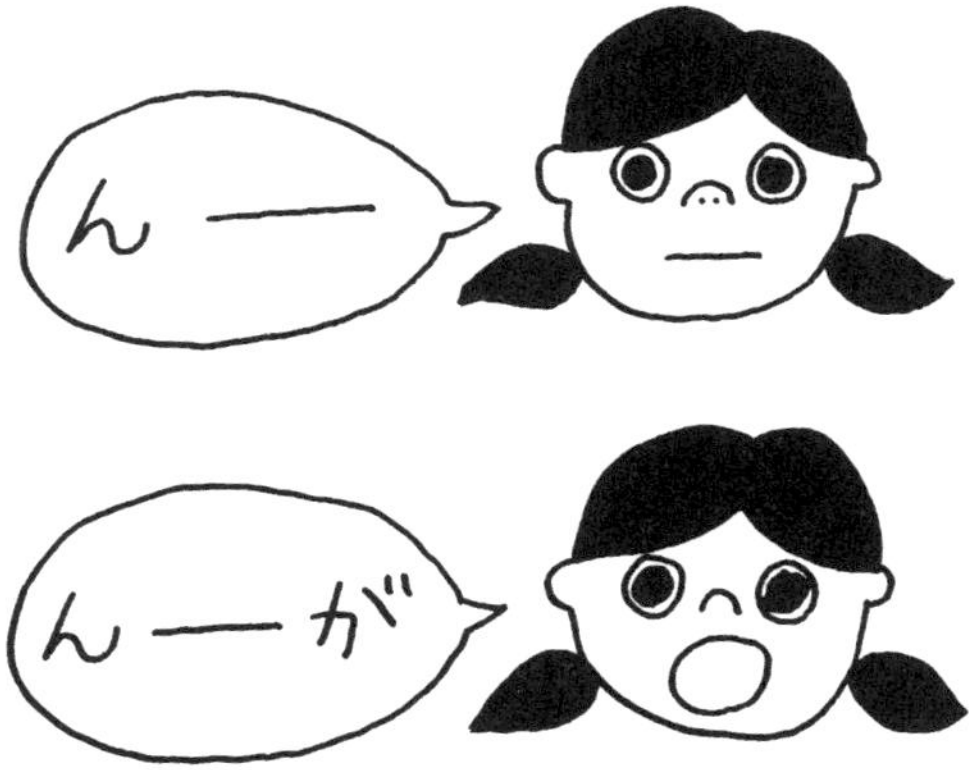

鼻につまらせる

※豆知識

・テレビやラジオのアナウンサーの声を注意深く聞いてみてください。一人残らず鼻濁音を発音しています。鼻濁音の存在を初めて知った方は、今まで気がつかなかったと感じるかもしれませんが、それだけ鼻濁音がナチュラルな日本語だということなのです。

○「ん」の口は閉じる

「ん」の発音の際は、軽く口を閉じましょう。このときに少しでも口が開いていると「う」に聞こえて、だらしない印象を与えてしまいます。「ん」の口を閉じるだけで美しく日本語を発音することができ、かつ意味が伝わりやすくなります。

【例】「一面（いちめん）」⇒口を閉じる「ん」と閉じない「ん」で聞き比べてみる

ただし、どんな場合の「ん」でも閉じなければいけないというわけではありません。言葉によっては「ん」は閉じない場合もあります。自然に意味が伝わるかどうかで発音を使い分けましょう。

説得力のある話し方

最後は、説得力のある話し方のコツです。間の取り方を意識することで、相手へより思いを伝えることができます。

○どこでフレーズを切るか

「文章が書いてあるとおり、間違えずに読み上げたのになぜか伝わらない」

こんなこともありませんか？

まず、知っておいていただきたいのは、書き言葉と声に出す言葉には、大きな違いがあり、それは、**「どこでフレーズを切るか」**ということです。

日本語の文章は、目で読みやすくするために「、」や「。」が打ってあります。しかし、実際に声に出して読み上げるときや、話をするときは、必ずしも「、」や「。」で切るわけではありません。

なぜなら、話すときは、相手にイメージを伝えることが最優先だからです。

普段の会話では、話している内容が相手に伝わりやすいように、自然と切る場所で切ることができています。普段の会話のような感覚で、意味の切れるところに線を入れていきましょう。


【稽古23】
①テキストを見て、意味の切れるところに線を入れる。
②線を入れたところでほんの少しだけ間を空けて、全体を読む。

【例】晴れてよし　曇りてもよし　富士の山
もとの姿は　かわらざりけり
（山岡鉄舟「富士」より）
←
晴れて／よし　曇りても／よし　富士の／山
もとの／姿は　かわら／ざり／けり

※コツ

・息が足りなくなったからといって、言葉の途中や文章の途中でところかまわず息を吸うのではなく、フレーズの切れるところでややためて、句と句の間で息を吸いましょう。

○抑揚をつける方法

言葉の調子を上げ下げする（強弱をつける）ことで、表現力が豊かになり、迫力が増し、聞き手に感銘を与え、説得力がつきます。また、強調したい言葉を強く言うことで、大事なことが伝わりやすくなります。【稽古23】で分けたフレーズごとに、上・中・下の三つの方向をつけて、その方向に向かって言葉を言ってみましょう。

【稽古24】

①フレーズ分けをしたテキストに、それぞれ上・中・下の矢印をふる。矢印の方向は直観でＯＫ。意味が伝わりやすいようにする。（例：強調したいところは上）

②自分の前方に向かって、腰から上を「上ゾーン」、腰の位置を「中ゾーン」、腰から下

を「下ゾーン」とし、言葉にふった矢印のゾーンに利き手を勢いよく向けながら声を
出す。

↗　↗　→　↗　↗　→
晴れて／よし　曇りても／よし　富士の／山

↘　→　↗　→　→
もとの／姿は　かわら／ざり／けり

※コツ

・大物舞台俳優になったつもりで、オーバーに抑揚をつけてみましょう。大きく豊かな声が自然と出せるようになります。
・なるべくゆっくり、言葉のもつ雰囲気を大切に読み上げましょう。上調子の部分でも、力まず落ち着いて発声しましょう。
・夢や希望をドラマティックに話すときには有効ですが、身近で切実な話に抑揚をつけすぎてしまうと、反対に嘘っぽくなって伝わらなくなるので注意しましょう。

○「間を空ける」技術

最も伝えたいことを言う前に、間を長めにとると、聞き手の聞く準備が整うので、説得力がアップして相手に伝わりやすくなります。

そのためには、大切なことを言う前に、しっかりたっぷり息を吸うことが最も自然に間を空ける方法です。

とは言え、重要だからこそ気持ちがはやり、間をとったつもりがついつい速くなってしまいます。そこで、間を長くとる秘訣です。

【稽古25】

最も伝えたいことを言う前に、こころの中で、

「(伝わってますか?)」

とつぶやく。

【例】「大事なことは……(伝わってますか?)、大きな声を出すということです!」

※コツ

・こころの中でつぶやく言葉は、「伝わってますか?」でなくても大丈夫です。

● 間を空ける技術

「よろしいですか？」「いきますよ」など相手に投げかけるような言葉もおすすめです。自分にしっくりくる言葉を当てはめてみましょう。

【コラム③】喉にいい飲み物は？——おすすめのドリンク

声を出す練習をする際には、こまめに飲み物を飲んで喉を潤しましょう。その際におすすめなのが常温の水です。

お茶も悪くはないのですが、ウーロン茶やジャスミン茶は油を分解して喉が渇きやすくなるので、注意しましょう。もちろん、絶対に飲んではいけないということはありません。甘い飲み物を飲んで、疲労が気分的にやわらぐということもあるようです。

あまり気にしすぎず、無理に我慢したり、飲み物に頼りすぎたりしないよう適度に潤して、リラックスして声が出せればよいでしょう。

第4章

声を出す極意

さて、「大きな声を出すコツ」と「日本語の美しい伝え方のコツ」の基本を紹介してきました。

だいぶ大きな声、伝わる声が出しやすくなってきたのではないでしょうか。

しかし、まだまだ悩みはつきません。

「地声をしっかり出したい」「高い声を出したい」「音痴をどうにかしたい」などなど……。

もっと奥深くがんばりたいあなたのために、この章では、とっておきの「声を出す極意」をご紹介します。

地声を出す方法

「大きな声を出そうとすると、裏声は出るのに地声が出ない」
「芯のある地声が出せるようになりたい」

そう感じている人は多いのではないでしょうか。
そもそも、自分が地声を出しているのか、裏声を出しているのか、よくわからない方も多いと思います。

地声は裏声の反対語でもあります。
裏声は頭頂部に響かせるオペラのような声ですね。これ以外は全部地声と思って大丈夫(細くはいろいろあります)。

まずは、簡単に地声が出る方法です。

○振り向かせ発声法「すいませーん」

【稽古26】

①家族や友人など数人に、こちらに背中を向けて、横並びに並んでもらう。可能であれば、自分から三メートル以上はなれた部屋のすみっこなどに立ってもらう。

②その中の誰か一人を決めて、その人を振り向かせるつもりで、その人の背中に向かって、「すいませーん」と声を投げかける。

③相手は「背中に声が当たったな」「自分が呼びかけられたな」と思ったら振り向く。「自分ではない」と思ったらどんなに声が聞こえても振り向かない。

④振り向いてもらえない場合は、「すいませーん」と同時に、手を伝えたい相手の背中に思いっきり向けてみる。

⑤振り向いてもらえるまで、④を続ける。

※コツ

・手を使うとお腹まわりにぐっと重心がきて、お腹から声が出しやすくなります。手を

● 振り向かせ発声法

猫さんに
向けて…
すいませーん
ハイッ
くるっり

使って振り向いてもらえたら、お腹の重心の感覚をキープしつつ、手を使わないで声を出してみましょう。

・声をかける言葉は「すいませーん」でなくてもOK。「おーーーい」や「好きだーー！」など、相手に投げかけたい言葉を明確に決めてから、ぶつけてみましょう。

※ポイント

・「大きな声」と言えば「歌を歌う」という感覚に慣れてしまって、裏声気味になってしまう人をしばしば見かけます。しかし、たとえば裏声で「愛してる〜〜」と言っても、相手に思いを伝えるのは難しい気がします。

そもそも、**普段の会話は地声**を出していますよね。コミュニケーションするためには、地声を出さないと相手に伝わりません。なぜなら、地声は会話などで必要な双方向のコミュニケーションツールだからです。振り向かせ発声法をくり返し行うと、相手に届く、よく響く大きな地声が出るようになります。

○何を言うか明確に意識する

「とっさに大きな声が出ない」

そうお悩みの方も多いことでしょう。

大切なのは、何を言うかを明確に意識することです。

どれほど大きな声で伝えるべきか、ということは、何を言うか決めたあとに自ずと答えが出てきます。反対に、何を言うかを明確に意識することで、大きな声は出るということになります。

いかに「大きな声を出すか」を考えても、大きな声は出るようになりません。何を言うか決まっていないところで、大きな声を出すのは至難の業だからです。

元々、声の小さなある女性は、とっさに大きな声が出ないことが悩みでした。

しかしあるとき、事件は起こりました。

それは、彼女が通っている趣味の講座でのことでした。


「何か質問がある方いますか――?」


と講座の先生。

受講者一〇〇人規模の大きな教室の後ろの方に座っていた彼女は、どうしても先生に質問したいことがありました。ずっと考えていたことです。

今しかない! 意を決して、教室の前の方にいる先生に質問を投げかけました。

するとどうでしょう。

自分でもびっくりするくらい大きな声が出たのです。

なぜ、声が小さくて大きな声が出ないと思っていた彼女が、マイクなしで、遠くにいる相手に思いを伝えることができたのでしょうか。

それは、彼女には、言いたいことが、聞きたいことが明確にあったからです。

だからこそ、とっさに、相手に届く大きな声が出せたのです。

地声で大きな声を出すコツは、「相手にどう伝えるか」よりも、「何を伝えるか」を確信することです。

高い声（低い声）が出ない場合

「高い声（低い声）がなかなか出ない」

「カラオケで好きな歌を歌いたいから、もっと高い声が出せるようになりたい」

「大女優のように低くて響くような声が出せるようになりたい」


こんなお悩みや願望はありませんか。

高い声や低い声が出ない原因の多くは、喉の力みです。特に、高い声を出そうとすると反射的に力んでしまいます。

そこで、喉に力が入らなくなる、とっておきの方法を伝授します。

○手を使って声を流すと喉の力みがとれる

手を動かしながら声を出すと、喉の力みがとれて、高い声や低い声も出しやすくなります。

【稽古27】

①胸の前で両手を軽く握って向き合わせる。

②下アゴを下げ、口角を左右で寄せ合い、口を縦に開ける。

③声を「あーー」と出しながら、両手を同時に顔の前を通って、頭の上に持ち上げる。

④両手をそれぞれ左右に同時に開いていく。その間も声は出し続ける。

⑤少しずつ声の高さを上げていきながら、①〜④をくり返す。

※コツ

・無理して出そうとして喉を痛めてしまわないように、まずは自分が無理なく出せる高さで、十分に大きな声をしっかり出すことに意識を向けましょう。

無理なく出せる高さで大きな声を出していくと、だんだん緊張がほぐれ、少しずつ出せる高さも広がっていきます。

● 喉の力みを取る方法

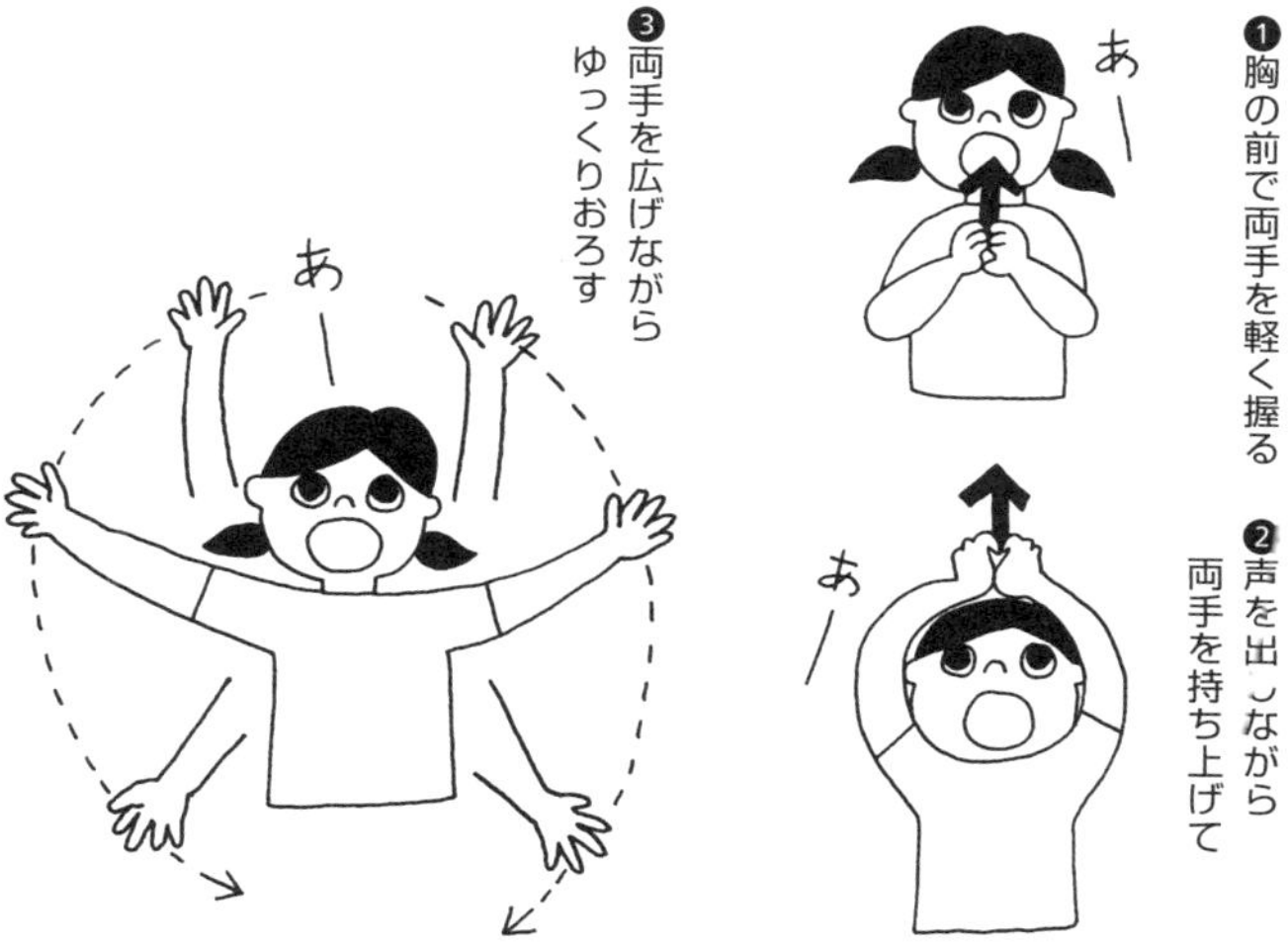
あ〜
❶胸の前で両手を軽く握る
あ〜
❷声を出しながら
両手を持ち上げて
あ
❸両手を広げながら
ゆっくりおろす

※ポイント

・手に力と意識を流すと、喉に余計な力がかからなくなります。人間の意識とからだの関係は不思議なもので、ある場所に意識的に力を込めると、他の場所の力が抜けていきます。その効果をうまく利用して、声を出すときに力が入らないような癖をつけていきましょう。

　からだは形状記憶すると言われています。一度行ったからだのバランスの取り方や使い方を覚え、それを意識的にくり返すうちに、無意識に動いてくれるようになり、それが重なると「癖」となっていきます。つまり、からだの癖は変えることができるのです。

喉に力が入ってしまうのも、からだの癖です。
しかし、喉に力が入らないようにからだを使うことで、今度は、喉に力が入らないことが癖になるのです。癖それ自体はよいものでも悪いものでもありません。それをどのように使うかが大切なのです。

○手で声の高さのポジションをとる

次は、より高い声、より低い声の出し方のコツをお伝えします。
ここでも、手を使います。

【稽古28】
①お腹の横に片手をそえる。手の甲を上にする。
②自分が出せる最も低い「あーーー」で声を出しながら、手をゆっくりと胸の前、顔の前、頭の上、と持ち上げていく。
③手を持ち上げながら「あーーー」の声をどんどん高くしていき、頭の上に手がきたときは、なだらかに裏声に変化させる。

●手で声の高さのポジションをとる

高
あ
あ
低
手の上昇とともに
声をどんどん高くしていく

手を動かすことで、低い声は下から、高い声は上へと声の高さを下から上へと移動させることができます。手を使うと、声と意識だけで出すより、自分が思っていた以上に高い声や低い声が反射的に出るようになります。

どういうことでしょうか。

「ちくわ」を思い出していただきたいのですが、声の場合は「からだが楽器」です。

たて笛を例にすると、低い音は、笛の下の穴まで全部押さえて閉じる、高い音は上の穴しか押さえない、ですね。低い声はからだの下（お腹の方）、中くらいの声は胸、高い声は上の頭で響かせて鳴っています。まるであなた自身がたて笛そのものなのです。

よく「お腹から声を出せ」とか「胸に響かせて」という言葉を聞きますが、頭の中だけで「大きな声を出そう」「高い声（低い声）を出そう」と思ってもなかなか難しいものです。それは、たて笛を握っているのに、「吹きたい」と思っているだけで、指を動かしていないのと同じと考えます。

そこで、「お腹から声を出す」とか「からだを響かせる」という感覚だけではなく、手というからだの一部を使って、声を出す意識を外部化させるのです。

自分のからだの動きと声の動きを丁寧に連動させていきましょう。やってみると圧倒的に声が出しやすくなります。

しかし、手を使わないと声が出ない、ということではあまりに不自由です。

そこで、先ほどの続きで、とっておきの裏ワザをご紹介します。

【稽古29】

①実際の手は動かさず、透明な手が動いているのを想像して、【稽古28】の手を動かしているときと同じように声を出す。

● 手を使わないで声の高さのポジションをとる

※ポイント

・手を動かしているつもりで声を出すと、あら不思議！　手を使っていないのに高い声が出る、大きな声も出るではありませんか。

手を使ってできたのであれば、その経験をもとに、「手を使ってますよ〜」と自分の脳みそを騙してしまうのです。信じられないかもしれませんが、これが非常に有効です。

手を使わないと出なくなってしまったら、また手を使ってやり直し。手を使って簡単に声が出たら、何回かやってからだに慣れさせて、それからまた手を使わないでやってみましょう。

○ちょっぴり鼻にかける

最後に、高い声を出す裏ワザです。

「カ行」「タ行」「ナ行」「マ行」「ヤ行」「ワ」の発音を「ほんのちょっとだけ鼻にかける」ことを意識すると、高い声が出しやすくなります。

なぜなら、喉への意識が鼻へ移行して、喉に無駄な力みがいかなくなる、ということもあるのですが、高い声は鼻腔《びくう》や頭を響かせているからです。

しかし、響かせているという実感を得るのは難しいので、「鼻にかける」を意識してみてください。

ただし、鼻にかけすぎると、不自然に媚を売ったような声に聞こえてしまいかねませんので注意が必要です。

集中力を高める

大きな声を出すための最も大切なキーワードが「集中力」です。

「私は集中力がないからダメだわ」

そんな声が聞こえてきそうですが、大きな声を出すことで集中力がつきます。

そして、集中力がつくことで、より大きな声が出せるようになります。

まずは、最も簡単な方法にトライして、できたら少しずつからだを使って集中力を高めていきましょう。

○一点集中法

【稽古30】

①目線を部屋の一番遠くの壁の一点に決めて、そこを見つめる。

②その一点に向かって、「ヤーーーーー」と五秒間大きな声を出す。

○イスのポーズ

【稽古31】

①足を腰幅に開き、足の内側を平行にして立つ。

②両腕を真っ直ぐ前に持ち上げる（手のひらは下に、できればひじも下に向ける）。

③膝を曲げて、おしりを後ろに突き出す（空気イスのような感じ）。

④膝が足の甲より前に出ないようにし、ア

ゴを軽くひいて背骨を真っ直ぐななめにする。
⑤おへそを背中にぐっと押しつけるようにして「ヤーーーーー」と五秒間大きな声を出す。

○立木のポーズ

【稽古32】
①両足を揃えて真っ直ぐ立つ。
②胸の前で合掌する。
③合掌を頭の上に持ち上げる。脇腹を伸ばしたまま、肩の力は抜く。
④片足をもう片方の脚（膝以外のところ）にちょんとのせる。
⑤からだがふらふらしてきたら、尾骨を床に向けるようにして、ふらふらが止まるのを待つ。
⑥おへそを背中にぐっと押しつけると同時に「ヤーーーーー」と五秒間大きな声を出す。

※ポイント
・「ヤーーーーー」の声が気持ちよく出れば、集中力が高まった証拠です。五秒伸ばし

● イスのポーズ

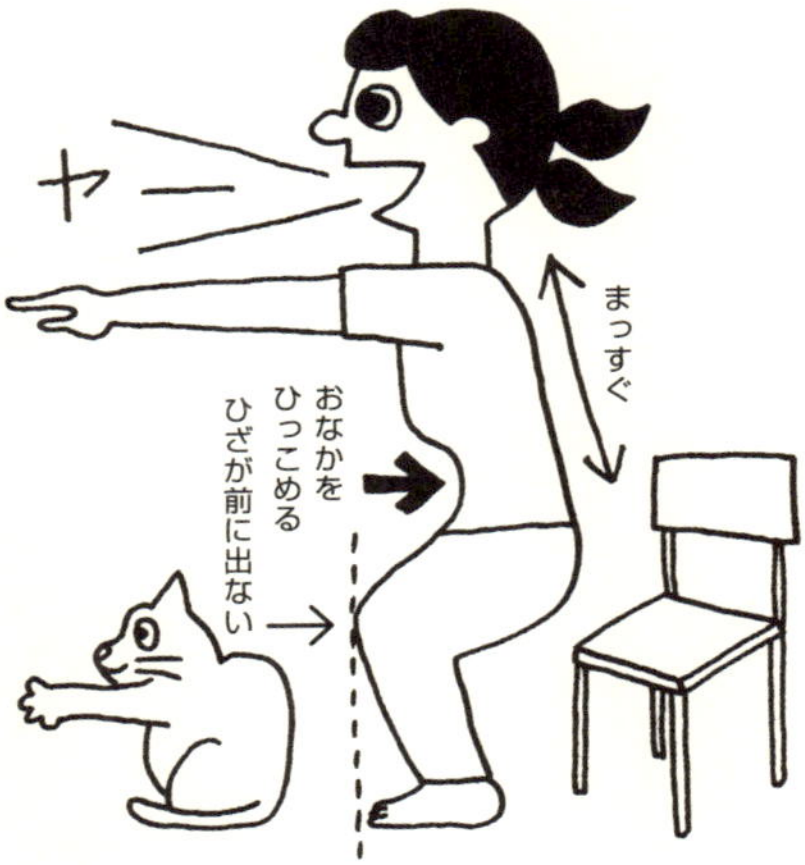

● 立木のポーズ

続けるのがきつければ、三秒でもＯＫです。

・声とからだの使い方の相性も人それぞれなので、すべて完璧にできる必要はありません。自分に合う方法を見つけてください。立木のポーズは人によってはちょっぴり難しいかもしれませんので、無理のないように行ってください。

くり返し声を出す

○うまくなくていい、場数さえ踏めばできる

さて、集中力をアップさせる発声稽古や、手を使って声を出す稽古で、前より少しは声が出るようになったかなと思ったら、さっそく、居酒屋やお店などで遠くにいる店員さんに「すいませーーーん」と声を掛けてみましょう。

自宅でのシミュレーションも、もちろん大切ですが、どんどん外に出ていって本番をこなしていきましょう。

ところが、こんな不安な声が聞こえてきます。

「一発で気づいてくれなかったらどうしよう?」

「いい声が出なかったらどうしよう?」

「変な声が出ちゃったらどうしよう？」

いいんです！

まずは、人に届くような大きな声を出すことが先決です。

いい声である必要なんてありません。

最初から届かなくて当たり前です。

同じ人に何度も声をかけるのは少々恥ずかしいと思いますので、ここがダメだったら別の場所。この人がダメだったら違う人、とどんどんトライして場数をこなしていきましょう。

「場数を踏む＝くり返し声を出す」ということで、うまくいこうがいくまいが、人前で大きな声を出すという経験にからだが慣れて、度胸がついてきます。

また、場数を踏むと、初めはコンビニの店員さんに「すいません」と言うだけでもドキドキしてしまっていたのが、だんだん日常化していって、いちいち緊張しなくなってくるのです。

大事なことは、大きな声を出すことを特別難しいことだと思わず、日常的な行為にしてしまうことです。

そのためにも、とにかく場数を踏んでみる。そうすることで、自分でもびっくりするような大きな声が出るようになるでしょう。

○声を出すことで鍛えられる。特別なトレーニングは一切不要

「場数を踏む＝くり返し声を出す」

たったそれだけで大きな声が本当に出るようになるの？

なるんです！

むしろ、**本番の場数を踏むことでしか、本当の大きな声は出るようになりません。**

なぜなら、大きな声は「相手ありき」で出るからです。

場数を踏んで、ほんの少しでも、自分の声や他人の反応に変化が訪れたら、それをしっかり受けとめてください。

そのほんの少しが大きな声につながります。

大きな声を出すコツをおさえて、実際に街へ出て、相手に届くまで声を出し続けることで、大きな声は鍛えられるのです。

反対に、毎日腹筋運動をしたり、お腹の上に重たい本をのせたり、早口言葉の練習をしたりするなどの特別なトレーニングは一切いらないのです。

もちろん、トレーニングもやるにこしたことはないかもしれませんが、これらのトレーニングは頑張った結果がなかなか目に見えにくいものです。

しかし、毎回本番だと結果がすぐにわかります。声が届けば相手とコミュニケーションできる、届かなければコミュニケーションできない、のどちらかです。

ぜひ、日常生活の中で、目的をもって声を出してみることにチャレンジしてみてください。

大声が出ると緊張しない

場数を踏もうにも、最初のうちは、
「緊張してしまって声が震えてしまう」
「ドキドキして言うべきことを忘れてしまう」
「息が足りなくなって声が続かない」

こんな方も多いことでしょう。
でも大丈夫！
ひとたび大きな声が出てしまえば、緊張を吹き飛ばすことができるのです。

○声が出ないのは酸素不足

そもそも、どうして緊張すると、息が浅くなって過呼吸気味になったり、何を言うか忘れてしまったりするのでしょうか。

その答えは、酸素不足にあります。

緊張が高まって心臓がドキドキ速く動くほど、頭の中であれこれ考えるほど、酸素は消費され、足りなくなってしまいます。

なぜなら、脳と心臓は、特に酸素を消費しやすい臓器だからです。心臓は五倍、脳は二〇倍も、他の部位に比べて酸素を必要とします。よって、緊張すると酸素不足になって、声が出にくくなってしまうのです。

緊張して心臓や脳が活発になると、酸素を大量に消費する

←

息が足りなくなる（呼吸が浅くなる）

←

声が出にくくなる、話そうと思っていた言葉を忘れてしまう

酸素不足にならないようにするためには、アレコレ考えて脳を使わないよう、心臓を速く動かさないよう、リラックスするのが一番です。

このリラックスするためにも、大きな声は効果を発揮します。

○大きな声を出すとリラックスする

大きな声には、深い呼吸が伴います。人は吐く息を意識した呼吸をすることで、脳内ホルモンの一種であるセロトニンという物質が分泌され、副交感神経の働きが高まり、リラックスすることができます。

大きな声を出すことによって長く息を吐くと、緊張を強いられて優位に立っていた交感神経とのバランスがとれるようになります。そして、こころもからだもリラックスして緊張がとけていきます。

大きな声を出す
↓
長く息を吐く（呼吸が深くなる）

↓
リラックスして緊張がとけてくる
↓
ドキドキしている心臓がゆっくりに戻る
↓
酸素の無駄遣いが減る
↓
酸素不足が解消される
↓
声が出しやすくなる
↓
話そうと思っていた言葉を忘れなくなる

反対に気をつけたいのは、**吸う息は意識しないことです。**

吸う息を意識した呼吸は、からだを戦いモードにさせる交感神経を優位にし、緊張がますます高まってしまうからです。

酸素不足をクリアにする方法

さて、大きな声を出しているつもりなのに、まだ息が苦しい。

そんなあなたは、声を出し終えたらすぐに口を閉じていませんか？

せっかく大きな声が出せても、口を閉じてしまったり、あまり口が開いていないと酸素が入ってきてくれません。

そこで、まずは口を大きく開く癖を身につけましょう。

○口を開く

口を大きく開くと酸素がたくさん取り込めるだけでなく、大きな口を開けて喉やアゴ周りの筋肉を伸ばすことで、肩から喉にかけての緊張がほぐれ、声が出しやすくなります。

● 口を開く

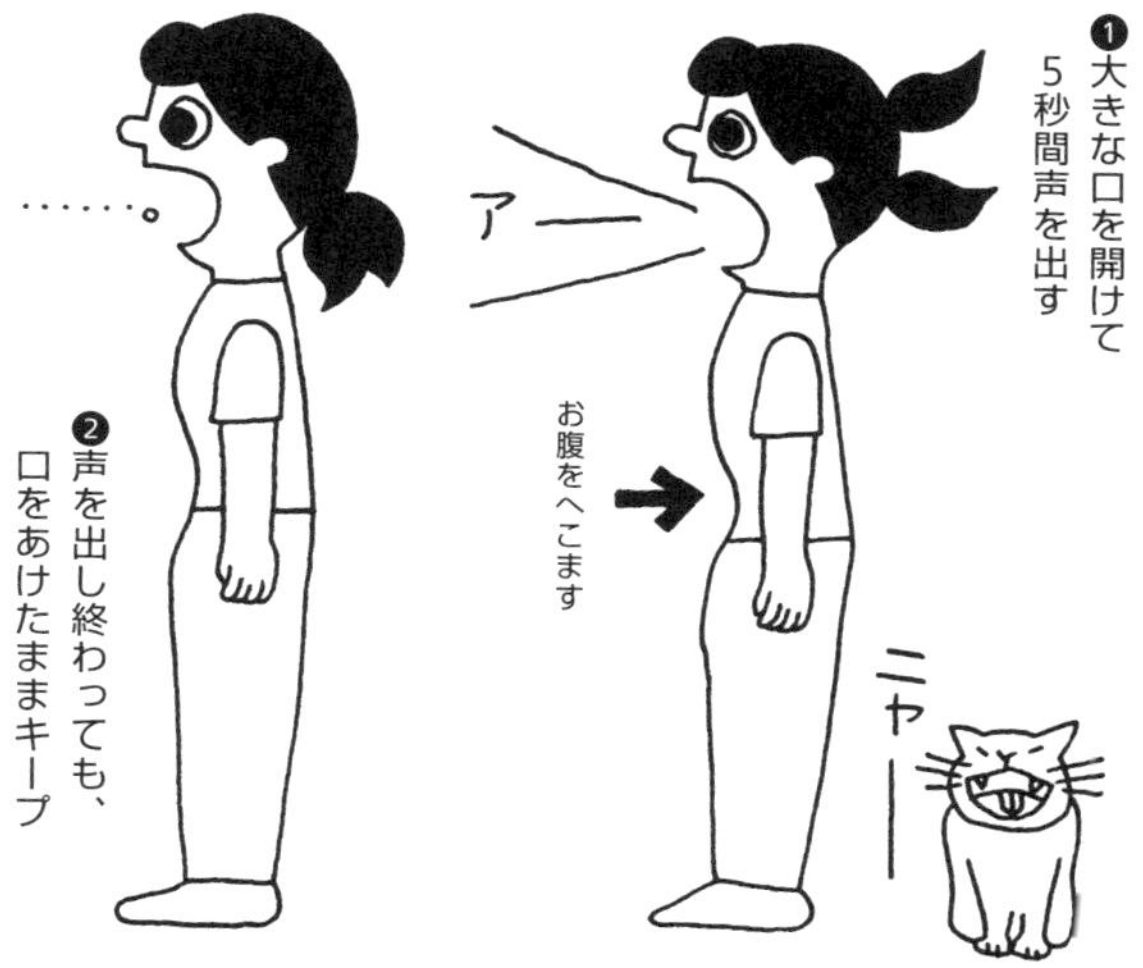
❶大きな口を開けて
5秒間声を出す
アー
お腹をへこます
ニャー
❷声を出し終わっても、
口をあけたままキープ

【稽古33】

①大きな口を開けて「アーーーー」と五秒間声を出す。同時にお腹を背中に押しつけるようにする。

②お腹をキープしたまま、口は開けたまま声を止める。唇や舌は動かさない。

③お腹をゆるめてふくらます。ここで開いた口から息が入る。

④お腹が目一杯ふくらんだら、またお腹を背中に押しつけて、「アーーーー」と五秒間声を出す。

⑤①〜④のくり返しを四回行う。口が閉じてこないようにキープする。

※コツ

・息を取り込む際に、肩が上がらないよう

にしましょう。肩が上がると首回りが緊張して、充分に息が吸えなくなってしまいます。

ミラーリング

大きな口を開けているつもりでも、なんだか声が出にくくなってきた。息が苦しい。そんなときは、開けていたつもりの口が全然開いていません。気づかぬうちに、口は閉じてきてしまいます。

そこで、口を開けたままキープする、とっておきの方法です。

【稽古34】

①鏡を見る。

②鏡を見ながら【稽古33】を行う。

③全開まで口が縦に開いているか目で確認する。

鏡がない場合は、二人一組になって向き合い、お互いを鏡の中の自分だと思って、同時に口を開けてみましょう。お互い確認し合いながらやることで、口が充分に開けていない

● ミラーリング

口がしっかりあいているか目で確認する

ことや、キープし続けられていないことが確認できます。

しかし、確認さえできれば、何回かくり返し練習するだけで、すぐにできるようになります。

特に練習する時間を設けなくても、たとえば日常の中で、トイレに行って鏡を見る度に、口を開けて確認してみましょう。筋肉はそのちょっとの動きでも形状記憶してくれますので、二〜三日ですぐ口の動きに慣れて、大きな声が出やすくなります。まずは気軽にトライしてみましょう。

○吸う息の音を立てない

大きな口を開けて息を吸うことに慣れてきたら、ぜひとも挑戦していただきたいことがあります。
それは、「吸う息の音を立てない」ことです。

【稽古35】
①大きな口を開けて「アーーーー」と五秒間声を出す。同時にお腹を背中に押しつけるようにする。
②お腹をキープしたまま、口は開けたまま声をとめる。
③お腹をゆるめてふくらます。ここで開いた口から息が入るが、吸う息の音は立てない。
④お腹が目一杯ふくらんだら、また「アーーーー」と五秒間声を出す。①〜③のくり返しを四回行う。

意識的にたくさん吸おうとすると、どうしても「ハーッ」と息を吸う音を立ててしまいます。しかし、この音は呼吸には関係ありません。むしろ、喉が緊張して充分に吸えていないことを表しています。
吸う息の音を立てないと、喉に空気が通るような「吸った感覚」はなくなります。しかし、喉周辺の力みがとれて、お腹まわりだけが動く理想的な腹式呼吸になるため、通常の

●吸う息の音を立てない

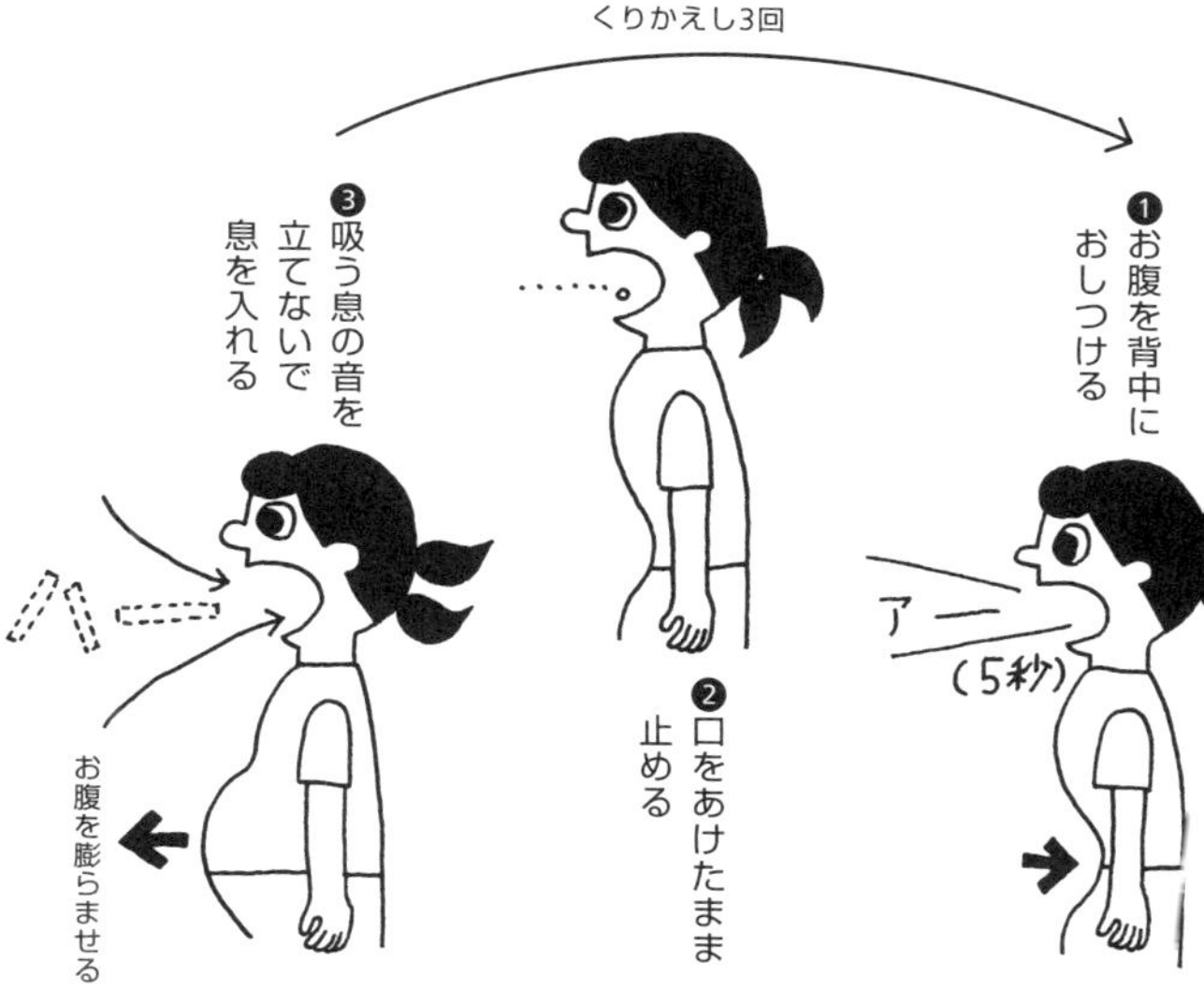
くりかえし3回
❶お腹を背中におしつける
アー（5秒）
❷口をあけたまま止める
❸吸う息の音を立てないで息を入れる
お腹を膨らませる

何倍も酸素が取り込めて、声を出すのが苦しくなくなり、楽になります。

大きな口を開けて喉を開く癖がついたら、だんだんと大きな口を開けなくても酸素をたくさん取り込めるようになってきます。

まずは、息をたくさん取り入れることで、からだが気持ちよくなっていくことを感じてください。

耳を鍛える方法

さて、「声を出す極意」、最後は、耳を鍛える方法を解説します。

「大きな声が出ない」「自分は音痴かもしれない」と悩まれる場合、無意識に自分の声を聞かなくなっていることが原因になっていることがあります。

○最も大切なのは聞く力、自分で判断する力

「大きな声を出す」にも「音痴を治す」にも、「自分の声がどう聞こえるか、自分の耳で聞いて、確認する」ことがとっても大切です。

なぜなら、声を出すという行為は、自分自身が出した声を自分自身の耳が聞き、それを脳が処理し、その結果を得てから考えたり、次の言葉を発したりする一連の流れにつながっているからです。

たとえば、「1、2、3、4……」と順番に数を数えているときに、誰かがいたずらで「6、3、9、2……」などと横でめちゃくちゃに数を数え出したら、途端にわからなくなってしまうでしょう。

これは、頭の中で数を数えているつもりでも、実は、自分が声に出した「1、2、3、4……」という声を耳で聞いて、それを脳が処理し、「次は5、次は6……」というふうに、耳から入った情報に基づく推論を声に出してフィードバックしているために起こります。よって、他の数が聞こえてくると、脳が処理しきれなくなって次の正確な数字が出てこなくなってしまうのです。

つまり、小さな声の人は、その小さな声をフィードバックして声を出しているので、ますます小さな声になってしまいます。また、自分の声を無意識にシャットアウトして聞いていなければ、その次にどう声を出していいかがわからなくなってしまうのです。

だからこそ、意識的に「自分の声を聞く」訓練が大切なのです。

○お風呂発声法

そこで、「自分の声を聞く」とってもも簡単な方法を伝授します。

【稽古36】

①お風呂につかりながら気持ち良く「フンフンフー」と鼻歌をしてみる。

②シャワーを浴びながら気持ち良く「ハーーーーーー」と裏声を出してみる。

③シャワーを浴びながら気持ち良く「あーーーーーー」と大声を出してみる。

※コツ

・以上三つのうち、どれもおすすめです。「ご近所迷惑になるので、大きな声はちょっと……」という方は、鼻歌で十分です。また、シャワーを浴びながらですと、シャワーは結構大きな音を立ててくれますので、大きな声を同時に出してもそこまで目立ちません。

いずれも、ポイントは浴室ということです。浴室はとても声が響きますので、出した声が反響して通常の何倍もよく聞こえます。それで気持ちよく感じられれば大成功です。自分の声をシャットアウトしてしまう理由の一つに、「嫌なものは聞かない」ということがあります。「自分の声は嫌なもの」と無意識に思い込んでいる可能性があります。一度お風呂効果を使って、「自分の声は気持ちがいいもの」という体験をしてみてください。

●お風呂発声法

❶お風呂につかりながら
気持ちよく鼻歌

❷シャワーを浴びながら
気持ちよく裏声

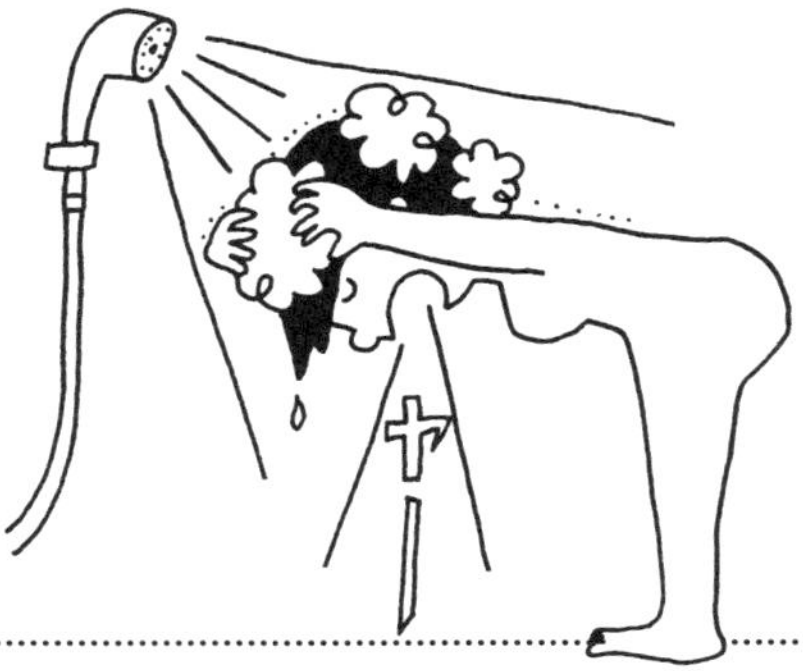

❸シャワーを浴びながら
気持ちよく大声

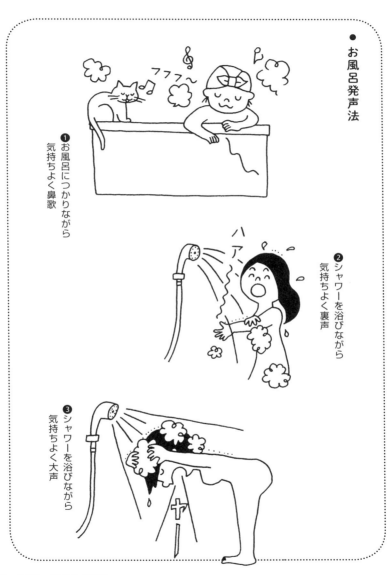

普段、無意識に自分の声を聞かなくなっているのを、まずはお風呂効果を利用して「自分の声を聞く」ということをからだに覚えさせるのです。

○ボイスレコーダーのすすめ

もっと突っ込んで頑張ってみたい人には、ボイスレコーダーで自分の声を録音して聞いてみることをおすすめします（スマートフォンをお持ちの方は、レコーダー機能のアプリが搭載されているものも多いので、気軽に試してみてください）。

しかし、いざボイスレコーダーで自分の声を録音して聞いてみると、

「私はこんな声じゃない！」

と言って、聞くのが嫌になってしまう人が続出するかもしれません。

落ち着いてください。

初めて聞いたときにびっくりしてしまう原因は、あなたの声が悪いからとか変だからではありません。自分の中から聞こえる音と、外から聞こえる音は聞こえ方が違うというのもありますが、無意識に自分の声は聞かないようにしてきたので、聞き慣れない声を聞い

て驚いてしまっただけなのです。

最初は辛いかもしれませんが、しばらく我慢して、録音した自分の声をくり返して聞いてみてください。すると……、

「やや、以外とそこまで悪くないかもしれない……」


と感じてきます。

冷静になって、落ち着いて聞き続けていると、案外自分の声も悪くないということに気づくはずです。

そうして、自分の声を聞くことに慣れていくと、ボイスレコーダーではなく、実際に声を出した瞬間に、リアルタイムで自分の声が聞けるようになってきます。

自分の声を、まるで他人の会話のように聞けるようになったら、**耳が鍛えられた証拠。**

そんな風には聞こえない、という人は、ゆっくりちょっとずつでいいので、自分の声が他人の声に聞こえるようになるまで意識し続けてみてください。

これができるようになると、声を大きくしたり、小さくしたり、高くしたり、低くしたりなど、まるで指を動かすのと同様に、自由自在、感覚的に声を操れるようになる道が開

けてきます。

○音痴の治し方

「自分は音痴だ」と思っている人にも効果的な「お風呂発声法」と「ボイスレコーダー」ですが、他にも気軽にできる音痴の治し方を伝授します。

【稽古37】

①普段の声よりちょっと大きな声（数メートル先の人に向かうつもり）で、「こんにちは！」と言う。

②今度は、その「こんにちは」の語尾の「は」を長く伸ばす。「こんにちはーーーーーーー」

③ピアノなどの楽器のキーボードをいくつか押して、「はーーー」の声と合う音を見つける。

④楽器から出る音と、自分の声を「耳で聞く」ということをはっきり意識し、音と声の高さがぴったり合うまでくり返し行う。

⑤慣れてきたら、隣の鍵盤を押して、その音に合うように「はーーーー」と声を出す。

※ピアノがない人におすすめのアプリ『吟トレ』

・「ピアノなんてない」「ドレミがわからない」という方におすすめなのが、『吟トレ』というアプリです。

これは詩吟用の音取りアプリなのですが、「本数」というところでキー（高さ）を上下させ、適宜鍵盤のようなボタンを押せば、さまざまな高さの音が鳴ってくれますので、自分の声に合う音が出るまでいろいろ押して試してみましょう。

スマートフォンやタブレットでダウンロードできます（価格は五〇〇〜六〇〇円）。

「音痴＝歌が下手」というイメージがあるかと思いますが、歌を練習することなく、音痴を段階的に解消できるのがこの方法です。大事なことは、「こんにちは」を普段の声で発声することとです。歌を歌う必要はありません。

音痴の根本的な原因は、歌以前に、自分の声を聞くという行為を無意識に避けていることにあります。その上で、「歌う」という非日常行為をしようとすると、からだがより硬くなってしまい、耳への意識が弱くなってしまいます。

まずは、**単純な一音と自分の声を合わせる**、ということを成功させましょう。

また、カラオケが上手に歌えない、学校の合唱でみんなと声が合わせられなかった、などの理由で、自分は「音痴だ」と思い込み、耳で聞くことを避けてしまった結果、声を出すことが苦手になる傾向も多いようです。

しかし、カラオケや合唱がうまくできなかった理由は、声の高さのキーが自分の声に合っていなかっただけの場合もあります。

まずは自分の声を聞く。そこから始めてみましょう。

【コラム④】喉が痛くなったときの対処法──声帯疲労に気をつけて

同じ言葉や、同じ歌を長時間にわたって出し続けると、声がざらついてきてうまく出にくくなってしまうことがあります。同じ音程や調子をくり返すと、声帯の同一箇所が長時間使われて、筋肉疲労のような状態になるからと言われています。

正しい発声法で声を出していても、練習をやりすぎれば声帯は疲れます。喉が痛くなったときはすぐ休憩をしましょう。喉が痛くならなくても、五分に一回は休憩をとり、飲み物を飲んで喉を潤してください。

また、同じ言葉、同じ歌ばかりではなく、違う言葉を練習してみたり、キーを下げて歌ってみたりして、声帯をまんべんなく使うようにするとよいです。

第5章

ここまできたら「詩吟」にも挑戦

ここまでの稽古を体験されてきた皆さまは、きっと大きな声を出すことができるようになっているでしょう。

これまでご紹介してきた「大きな声を出すコツ」は、「詩吟」の詠法や考え方に由来しています。そこで、せっかくなので、ぜひ少し詩吟についても体験してみてください。

詩吟とは何か？

詩吟とは、

「漢詩・和歌・俳句などの古典の名詩を大きな声で吟じる日本の伝統文化」

です。

江戸後期に、漢詩の勉強や心身の鍛錬のために行われたのが起源と言われています。

詩吟の特徴は、何と言っても「大きな声」です。

しかし、詩吟はただ大声を出すだけではありません。

そのポイントは三つあります。

①腹から出るような「大きな声」の地声
②言葉の語尾の母音を長〜く伸ばす
③声をゆらす

普通の歌は、ふわっと歌ってみたり、裏声を使ったりしますが、詩吟は基本、地声で大きな声を出します（声の大きさは人それぞれで、誰かと比べる必要はなく、本人が精一杯出していればOK）。そして、言葉の語尾の母音を長く伸ばし、その母音をゆらしたり、節を回したりするのが特徴です。

○詩吟は誰にでもできる

「詩吟って難しそう」

という声をよく耳にします。

でも、本当はそんなことないんです。

「詩吟は誰にでもできる」

のです。

その理由は、三つあります。

①自分自身の地声を使う
②基本一人で行うもの
③自分が音痴だと思っている人でも、上達できる

詩吟は地声を使いますので、合唱やコーラスのように声をつくってきれいに歌う必要がありません。音域も自分自身の出せる範囲に合わせることができるので、無理なく歌うことができます。

また、基本一人で行うもので、伴奏もありません（複数名で吟じる「合吟《ごうぎん》」や、琴や尺《しゃく》八《はち》の伴奏をつけて吟じることもあります）。ですので、誰かと一緒に合わせないといけなかったり、伴奏に合わせたりする必要がありません。

さらに、**自分が音痴だと思っている人でも、上達できます。**

なぜなら、「音をちょっとでも間違えたらダメ」なんてことがないからです。
厳密にいうと、詩吟に「ドレミ」はありません。
では、「ドレミ」のようにわかりやすい共通ルールがないとどうなるでしょうか？
人によってみんなバラバラになるわけです。

でも、それでいいんです！

詩の言葉をいかに語るか、言葉の余韻をいかに伸ばすかは、最終的には人それぞれだからです。もちろん基本の型はありますが、声や話し方に人それぞれ個性があるように、詩吟も個性があっていいのです。

また、詩吟で吟じる詩には文字数が決まっている、漢詩・和歌・俳句などの定型韻文詩《ていけいいんぶんし》が選ばれることが多いです。これらはそれぞれパターンが決まっていて、それが詩吟の型になっています。ですので、いろいろな詩を吟じながらも、ほぼ同じパターンやメロディをくり返し練習できるので、自分で音痴だと思っている人でも、音に慣れてだんだんと上達することが可能なのです。

○詩吟は歌ではなく、声・言葉・話す力を鍛える習い事

さて、詩吟に「ドレミ」はないと言いましたが、どうしてでしょうか。

その理由は、詩吟は歌というよりは、「語り」として朗読や演説のようなものに近く、「声・言葉・話す力を鍛える習い事」でもあるからです。

では、なぜ、詩吟は「声・言葉・話す力を鍛える」ことができるのでしょうか。

その秘密は、詩吟の発声法と吟じる詩、発表形態にあります。

詩吟では、言葉をはっきりと意味が通るように発音するのが原則です。言葉に抑揚をつけ、間の取り方に気を配り、下腹部に力を込め、声を大きく轟かせるように発します。それによって、言葉に託された情景や情感を伝え、聞き手に感動を与える力を生み出します。

また、詩吟で吟じる詩そのものが、今から一〇〇年〜一〇〇〇年以上も前に作られた伝統を持つ力強い言葉です。

たとえば、今から一一〇〇年ほど前に作られた、百人一首にもある次の和歌も、詩吟で吟じます。

久方《ひさかた》の　光のどけき　春の日に　しづ心《ごころ》なく　花の散るらむ

（紀友則『古今和歌集』より）

詩吟では、このような古くからある美しい詩の言葉を、自らの声を通して聞き手に明瞭に伝えることが最重要です。

つまり、詩吟では、

「日本語をいかに明瞭に声に出すか」
「聞き手にいかに詩の内容を伝えるか」

ということが大切になっています。

さらに、詩吟では、人前で、たった一人で、力強くかつ冷静に、大声を出さなければなりません。それにはやはり場数と訓練が必要です。

したがって、詩吟の稽古が、人前で話す度胸をつけ、声と言葉を明瞭に伝え、聞き手を感動させるような力を身につける〝声〟の習い事として、昔から親しまれてきたのです。

○詩吟の基礎構成（素読＋母音＋節回し）

さて、次からは詩吟の基礎構成と吟じ方について解説します。

詩吟の基礎構成は、詩の地の文をそのまま読む「素読《そどく》（言葉）」の部分と、その言葉の語尾の「母音」を長〜く伸ばす部分、最後にその「母音」に「節回し（ゆらし）」をつける部分とがあります。

詩吟＝素読＋母音のばし＋節回し

詩吟がふつうの歌と異なる点は、独特のリズムです。と言っても、等間隔の決まったリズムがあるわけではありません。一人で自由に歌ってよいのですが、その中にも法則があります。これを、詩吟独特の「時間コントロールの法則」と名付けます（あくまでより理解しやすくするための仮説です）。

【時間コントロールの法則】

言葉＝一

母音のばし＝三以上

節回し＝〇・五以下

数字は速さの相対比をあらわしています。言葉のスピードが一とすると、母音のばしのスピードは三以上（可変あり）、これはゆっくりな時間が流れるということです。そして、節回しのスピードは〇・五以下（こちらも可変あり）。言葉の半分のスピードです。つまり、速いということです。時間の流れは次のようになります。

言葉（標準）↓母音のばし（ゆっくり）↓節回し（速い）

これのくり返しが詩吟のリズムになります。時間の長さにすると、

言葉（普通）↓母音のばし（長い）↓節回し（短い）

【例：「古池や」松尾芭蕉】

1　　　3　　　0・5

古池や｜｜｜｜｜｜｜｜｜｜｜｜｜｜｜ああああ

1　　　3　　　0・5

蛙飛び込むーーーーーーーーーーーーううううう

1　　3　　0・5　　1　　3

水のーーーーーーーーおおーーーー　音ーーーーーーーーー

このリズムは何かに似ています。

ドンドン（普通）ツーーーーーーーーーーーー（長）トトトトトトトト（短）

寄せてはかえす波のリズムです。

海に囲まれた日本の古い音楽は、この波のリズムが多いようです。きっちりと決まっているわけではなく、間が空いたらそこに合いの手を入れます。

○まずは素読をしてみよう

それでは、実際に声に出して詩吟に挑戦してみましょう。

まず、詩吟を吟じる前に、詩をそのまま読む「素読」を行います。

姿勢を整えてから、朗読のようにして、大きな声で読んでみましょう。

【稽古38】

①姿勢は真っ直ぐ、目線は前へ、からだの力は抜いてちくわになったつもりになる。

②次の俳句を、調子や感情を入れずに、大きな声に出して読む。

古池や
蛙飛び込む
水の音

※コツ

・一行ずつ声を出すのと同時に下腹を背中へ押しつけて、一行言い終わったらゆるめてみましょう。

・からだがユラユラゆれないようにしましょう。

・大きな声が出しにくい場合は、一行ずつ、遠くに向かって手を振りかざしながら声を出してみましょう。

○母音をのばしてみよう

次に、言葉の語尾の母音をのばします。

まずは、母音の「あいうえお」それぞれ単体で声をのばしてみましょう。母音の口の形は九二ページを参考に、母音を出す方向を意識すると出しやすくなります。

【稽古39】

①次の母音の方向を意識しながら、母音をひとつずつ声に出し五秒伸ばす。声を出すと同時に下腹を背中に押しつける。

【母音の方向】

「あ」胸の前から丹田（下腹部）へ

「え」頭頂部から斜め下前方へ

「い」背中から後方へ

「お」胸の前から丹田（下腹部）へ

「う」頭頂部から真っ直ぐ上へ

● 母音の方向

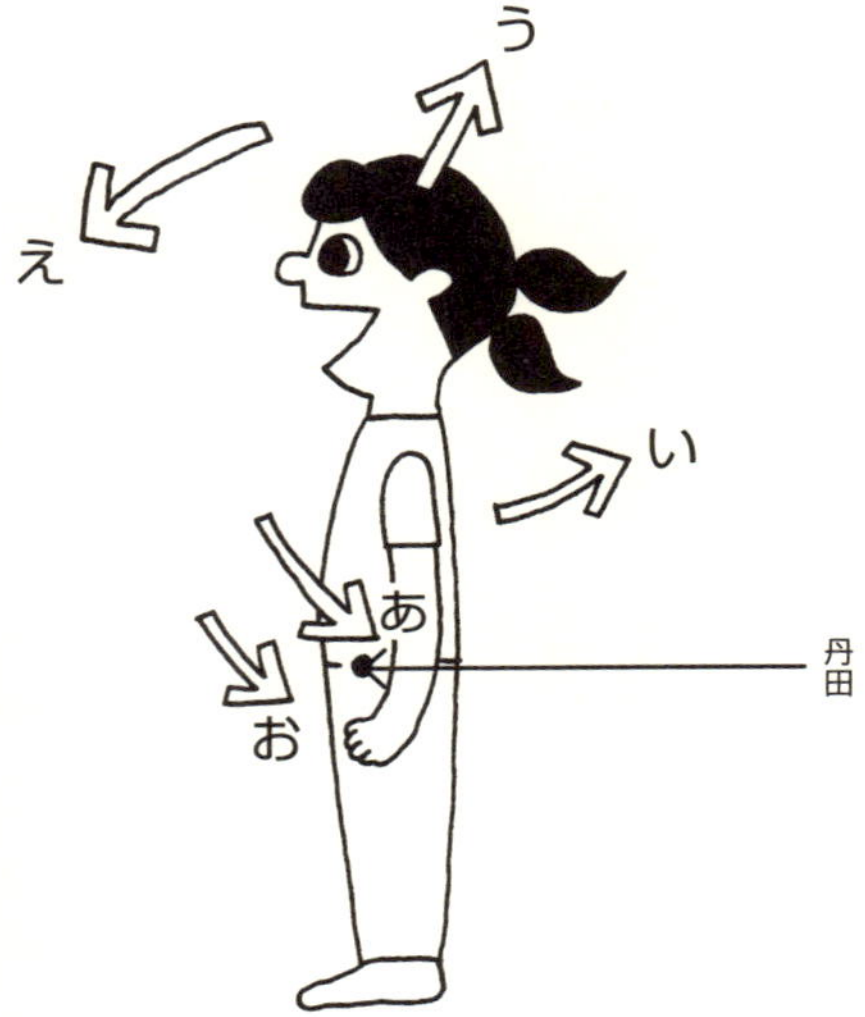

②口の形とお腹はキープしたまま声をとめる。言い終わったらお腹だけゆるめる。
③次に俳句を素読して、その言葉の語尾の母音を五秒ずつのばしてみる。

古池や（あーーーーーー）
蛙飛び込む（うーーーーー）
水の（おーーーーー）音（おーーーーー）

※コツ
・音の高さは気にしないでOKです。
・詩吟というと「声をゆらす」というイメージが強いですが、詩吟としてのばす語尾の母音は、まず「真っ直ぐ声を出す」というのが基本です。

・声がゆれないように、下腹をキュッと硬めて、真っ直ぐ強い声を出すようにしましょう。

○ゆらし方の基本

母音をのばすことができたら、今度は、母音をゆらすことに挑戦してみましょう。

ゆらしには、ビブラートのような緩やかなゆれや、こぶしをまわすような、ひっくり返ったようなものまで様々あり、人によってゆらし方がそれぞれ違います。

ここでは、最も簡単にできるゆらし方をお伝えします。


【稽古40】
①ゆっくりのペースで一秒ごとくらいに等間隔に「あ、あ、あ、あ、」と声に出す。
②速さは変えず声が切れないようにつなげて「あーあーあーあー」と声に出す。
③だんだんペースを速めていく。
④自分でも何回「あ」を声に出したかわからなくなるくらいまで「あああああ」と連続して出していくと、ゆらしのできあがり！

● ゆらし方の基本

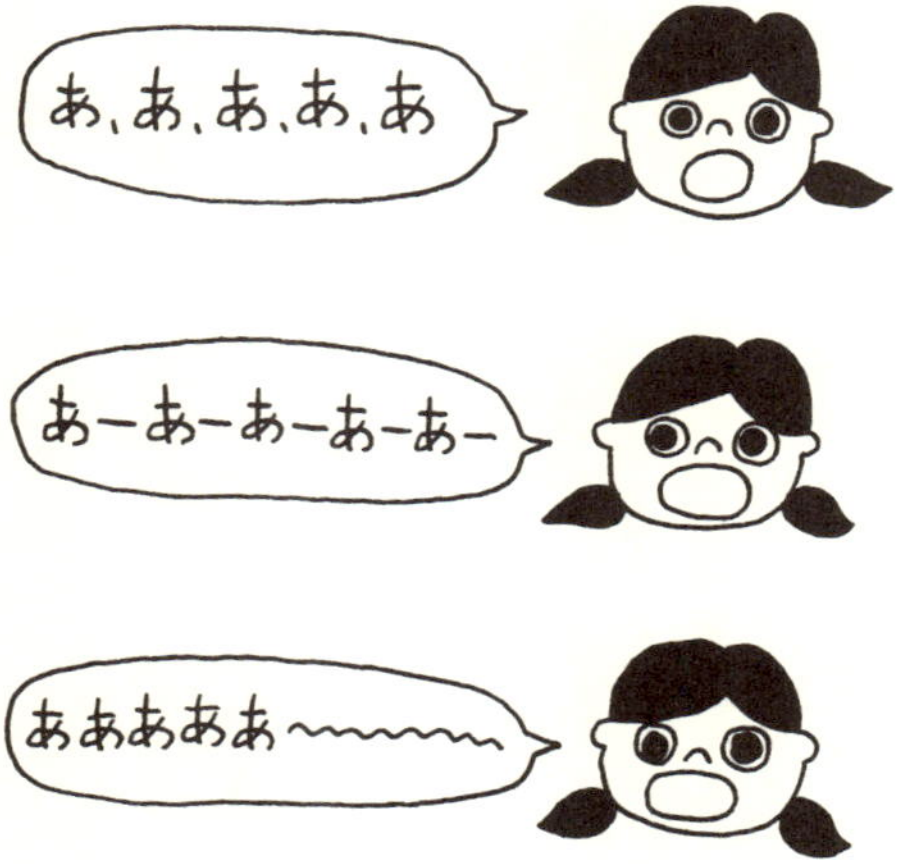

※コツ

・口を動かすと声がゆれなくなってしまいます。鏡を見て、口を一切動かさないように意識して練習してみましょう。

・喉を軽く持ち上げるようなつもりで、やわらかく、半分裏声のように出していくことで、自然とゆれていきます。

・もしゆらすのが難しければ、声を出しながら手首をぶらぶらさせてみてください。意識が手に流れ、喉の力みがとれてゆれやすくなります。

・最初はできなくても、くり返しやっていると忘れた頃にできる瞬間が訪れます。ほんの少しでもゆれていればＯＫです。

○節のつけ方の基本

節とはいわゆるメロディのことです。詩吟では、伸ばした母音に節をつけます。最終的には声を感覚的にゆらしながらまわすようにして節をつけるのですが、ここでは、大まかな基本となる節（メロディ）をお伝えします。声を出しながら音程を変える方法です。これには西洋の一二音階メソッドを使うのが一番効果的です。

【稽古41】

①「吟トレ」（一五九ページ参照）を使って、右から左へ「シー」「ラー」「ソー」と三つのボタンを順番に押していく（他に音が取れるものがあれば、それでもOK）。
②それと同時に「シー」「ラー」「ソー」と声に出す。
③「吟トレ」の音と自分の声がぴったり合うまで、一音ずつくり返し行う。
④「シー」「ラー」「ソー」を母音の「あー」「あー」「あー」に置き換えて声を出す。
⑤言葉をつけて、語尾の母音のばしに「シー」「ラー」「ソー」の音をあてはめる。

古池や（シーーーーー）あ（ラーーーーーー）あ（ソ）

● 節のつけ方の基本

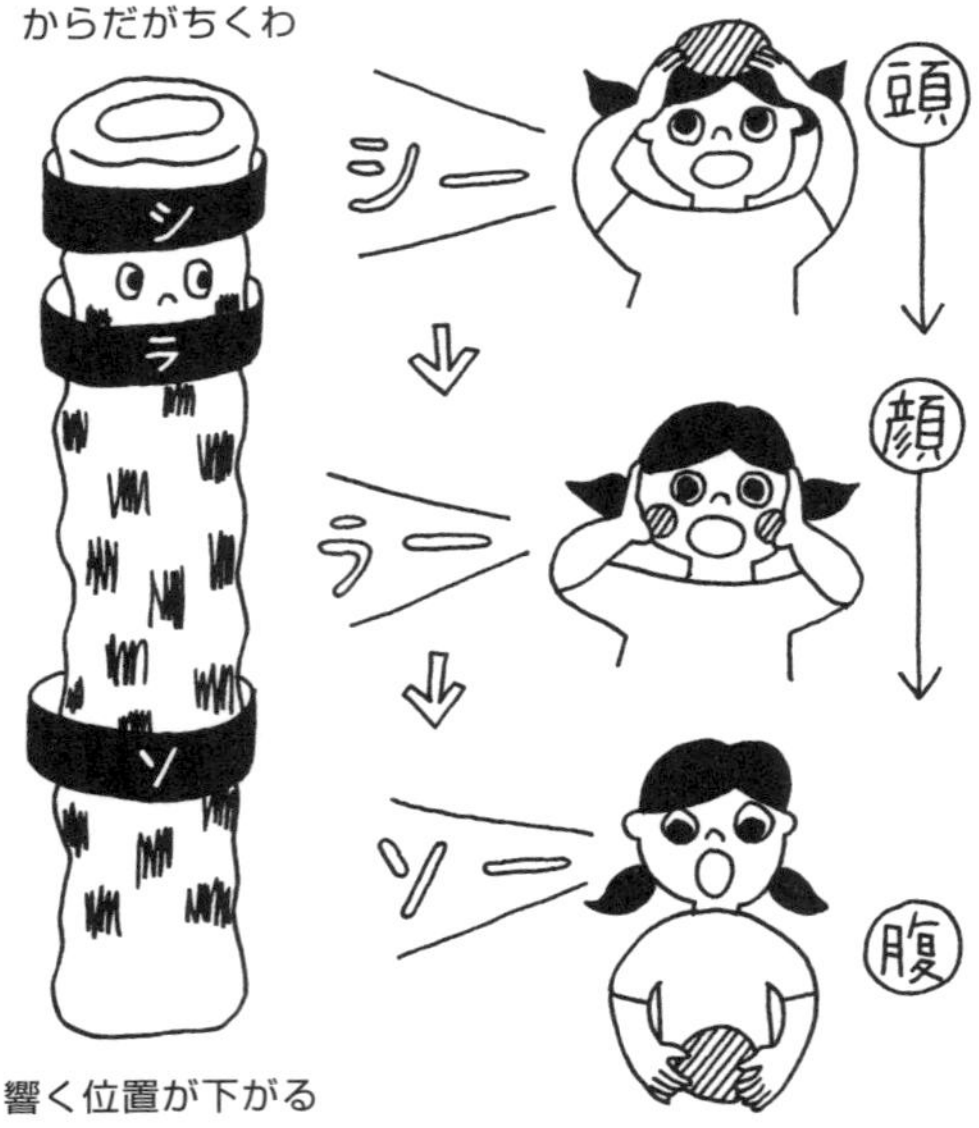
からだがちくわ
シ
ラ
ソ
シー
ラー
ソー
頭
顔
腹
響く位置が下がる

吟トレ
ソ ラ シ
あ ← あ ← や
ヨク
聴イテニャ!
古池やー あーあ
(シー) (ラー) (ソ)

⑥母音のばしの節の変化の部分を滑らかにつなげる。
⑦口を動かさないで、声をゆらしながらつなげれば節回しの完成！

※コツ

・音と声が合っているかわからない場合は、ボイスレコーダーなどで録音して確認してみましょう。それでもわからなければ、家族や友人に合っているか聞いてみましょう。間違っていたら、声の出し方をいろいろ変えてみて、合っていると言ってもらえるまでくり返し行います。

・「シー」「ラー」「ソー」と音の高さを変化させる感覚がつかめない場合は、「シー」の時に手で頭をさわる、次に「ラー」のときは顔をさわる、次に「ソー」のときはお腹をさわってみてください。音の高低は、高い音は頭、低い音はお腹、というようにからだの上下の響かせる場所を変化させることでつくられています。「音を高く」「音を低く」という感覚がわからない人は、からだをさわるだけで音を上下させる感覚がつかみやすくなります。

・一度合った音が別の日にはズレてしまっていることもあります。そんなときは合っていたときのからだの感覚を思い出し、再現するようにして再び合わせられるように挑戦してみてください。

○なぜ、詩吟は大きな声が出るのか

さて、母音をのばして節をつけることはできたでしょうか。

実は、この母音のばしに「大きな声を出すコツ」が隠されています。

そもそも、大きな声は、母音を伸ばすことによって出るようになります。

遠くの人を呼び止めるには「おーーーーーい」、山に向かって「やっほーーーーーー」、怒って聞かせるときの「コラーーーーーー」、店員さんに声を掛ける「すいませーーーーーん」など、普段無意識に出している大きな声は、必ず母音がのびています。

日本語には一音単位で後ろに必ず母音がつきます。ですので、その**母音をのばせば、どんな言葉でも大きな声として出すことができる**のです。

つまり、詩吟では言葉の語尾の母音をのばすので、詩吟をやればやるほど大きな声が出せるようになる、ということです。また、声をのばしながらゆらすことで、喉やからだの緊張をとき、そして息をコントロールしながら吐くことで、より長く声を出し続けることもできるようになります。

○母音は感情を吐き出す

そして、もう一つ。この母音には感情を吐き出す力も隠されています。たとえば「あー」は、「あっはっは」と笑うように、明るい、前向き、喜びを表現する音。「うー」は耐えたり苦しんだり、「おー」は大きいものや偉大なものに対する感銘。「えいっ」で威勢をつけるなど……。

日本人は、昔から感情をあまり表に出さない習性があると言われています。しかし、詩吟によって言葉の母音を引き延ばして声を出すことによって、こころに溜めていた感情を吐き出すことができるのです。

また、母音は日本人のこころを解放してくれる音でもあります。何かに気づいたら「あっ」、驚いたら「おーーー」、疲れたら「はぁーーー」と思わず声がもれますね。母音は喉を開放しなければ出ない音です。このときわたしたちは完全に脱力することができます。

詩吟で声を出すことを「歌う」ではなく、「吟じる」というのにも意味があります。「吟」とは、「呻《うめ》く」という意味で、「呻く」とは、感心してため息をつく、痛みや苦しみのために思わず声を発する、という感情を表す行為のことです。

詩吟では、母音を伸ばしたりゆらしたりすることで、詩情を汲み取り、歌として豊かに表現することができるということもありますが、そもそも吟じ手自身の感情を吐き出し、ストレス解消にもつながるのです。

○一日たった一分半でできる健康法

さて、前に述べましたが、詩吟で吟じる詩は、主に漢詩・和歌・俳句です。

これらは、それぞれ文字数が決まっており、詩吟では次のように吟じます。

・漢詩（七言絶句）……七文字×四句＝二八文字（＋おくりがな）

・和歌（五七五七七）…三一文字×二回繰り返す

・俳句（五七五）………一七文字＋下の句を二回繰り返す

時間にすると、一曲吟じるのに、短くて漢詩は一分半、和歌は一分、俳句は三〇秒しかかかりません。

つまり、とっても短いのです。

これを毎日一回一吟行うだけで、喉が鍛えられ、声が出しやすくなります。毎日何時間も歌う必要はありません。「一球入魂」、否、「一吟入魂」するだけでＯＫ。とにかく一曲が短いので、コツコツ継続しやすいのが魅力です。

実際に毎日は難しいかもしれません。しかし、週に一回や月に一回やるだけでも、今まで声を出す習慣がなかった方には非常に有効です。声が小さい人や歌が苦手な人でも、これを継続するだけである程度上手になりますし、何より声と呼吸を意識的に使うことで、健康維持にもつながります。

【コラム⑤】詩吟はどこで習えるのか？

もし、実際に詩吟を体験してみたいと思われた方は習ってみるのもおすすめです。詩吟は、主に次のような場所で習うことができます。

・地域のコミュニティセンターや公民館
・カルチャースクール
・先生の自宅

現在、日本全国には詩吟の流派が大小無数にあり、それぞれの流派の各地域の支部が、地域のコミュニティセンターなどを借りて教室を開いていたり、師範がカルチャースクールや自宅で教えています。

各自治体の広報誌、公民館の掲示板などに詩吟教室の開催情報が掲示されていることが多いので、興味をもたれたらチェックしてみるのもおすすめです。また、各流派団体の本部がインターネットのホームページを開いていますので、通いやすい場所を探してみるか、教室を紹介してもらうことも可能です。

詩吟教室で習うメリットは、発表会で人前で吟じたり、昇段試験を受けられるところもあることです。昇段試験を受けると、段位や詩吟専用の名前がもらえます。これがモチベーションとなり、声を出すことが積極的にできるようになります。

子どもの頃からやっていないと身につかない、なんてこともありません。熟年から始めて、師範になって教えている人もたくさんいます。

興味をもたれたら、ぜひ一度、詩吟の門を叩いてみてください。

おわりに――「大きな声」で自信と健康を取り戻そう！

さあ、みなさん、大きな声は出るようになりましたでしょうか。

以前よりちょっとでも、大きな声が出しやすくなったと感じられれば大成功です。

実はこのちょっとの差が大きな差だということに、この本を読んでくださった方は気づかれたことでしょう。


本書を執筆するきっかけは、「声が通らない」「居酒屋でビールが頼めない」と嘆く声が、高齢の方からも若い世代からも、聞かれるようになったからです。

実際に、私が主宰している詩吟教室でも、多くの方が普段の生活で大きな声を出すことが少なくなってきているため、大きな声を出すこと自体に苦戦してしまっていました。

しかし、日々稽古を重ねているうちに、大きな声が出せない、出しにくいと感じていた人たちが、気持ち良く大きな声を出せるようになり、イキイキとした表情にみるみる変化していったのです。

大きな声を出す喜びを全身に感じ、自信をつけ、健康を維持し、そのことで人生が変わった人を何人も目の当たりにして、私はある使命を感じました。

「より多くの人に、大きな声を通して自信と健康を取り戻してほしい！」

大きな声を出す喜び、素晴らしさを、本を通して多くの皆さんに伝えることができたら、それが世の中を明るく元気にするきっかけになるのではないか――。

日本には、江戸時代から二〇〇年続く、大きな声を発する「詩吟」という文化がありま す。武士から庶民に至るまで、多くの人が大きな声を出してきました。そして、辛いときも楽しいときも、激動の時代を力強く生き抜いてきたのです。

一方現代では、メールやインターネットのおかげで、「大きな声を出す」という行為がかならずしも必要とされなくなってきています。

しかし、便利な世の中になったとは言え、仕事や病気、人間関係などの個人的な問題から災害や海外情勢などの大きな問題まで、不安やストレスの種は、私たちの周囲からなくなるわけではありません。

ストレス発散の方法や健康法はたくさんありますが、私がおすすめしたいのは、日本人が古来より習慣にし、重んじてきた「大きな声を出す」ことなのです。道具もいらず、お金もかからない。こんなに手軽で安上がりなものはなかなかないと思います。

「大きな声を出す」という原始的で単純な行為こそ、現代の私たちを勇気づけ、自信と健康をもたらしてくれる――。

それが、本書でお伝えしたかったことです。


最後に、ひと言。

大声が出るようになって嬉しい気持ちはわかりますが、電車や高級レストランで「大声」はいただけませんよね。

大声は、時と場所をわきまえて出しましょう。

また、声が大きくなりすぎて生じたトラブルに関しては、責任は負いかねますのでご了承のほどを……。

本書を書くにあたって、ナチュラル詩吟教室の生徒さんやレッスンに参加された方々のご協力を得て、参考にさせていただきました。

またブックデザインをしてくださったalbireoさん。イラストを書いてくださった、たけなみゆうこさん。晶文社編集部の江坂祐輔氏には大変お世話になりました。

いつも温かく見守ってくれている詩吟の先生方や先輩方、生徒さん、友人、家族に助けていただき、また、励ましをいただきました。

この場をお借りして、お世話になった皆様に心よりお礼申し上げます。

二〇一七年七月吉日

著者記す

○参考文献

浅利慶太『劇団四季メソッド「美しい日本語の話し方」』（文藝春秋）
帯津良一『呼吸はだいじ――「ゆっくり吐いて吸う」は、最高の健康法』（マガジンハウス）
角田忠信『日本人の脳――脳の働きと東西の文化』（大修館書店）
黒川伊保子『日本語はなぜ美しいのか』（集英社）
後藤文雄『詩吟入門』（社会思想社）
齋藤希史『漢文脈と近代日本――もう一つのことばの世界』（日本放送出版協会）
佐藤青児『輪ゴム一本で身体の不調が改善する！――さとう式リンパケア』（晶文社）
龍村修『深い呼吸でからだが変わる――龍村式呼吸法のすすめ』（草思社）
永田晟『呼吸の極意――心身を整える絶妙なしくみ』（講談社）
中村一磨呂『スポーツ吹矢の世界へ、ようこそ！――健康いきいき』（日本スポーツ吹矢協会監修、金園社）
西山耕一郎『肺炎がいやなら、のどを鍛えなさい』（飛鳥新社）
長谷川浄潤『声が変わると人生が変わる！――声を良くする完全マニュアル55』（春秋社）
平田オリザ・蓮行『コミュニケーション力を引き出す――演劇ワークショップのすすめ』（ＰＨＰ

研究所）
福澤朗『声と言葉の教科書――勝てる日本語、勝てる話し方』（東京書籍）
富士松亀三郎『三味線の知識・邦楽発声法――邦楽極意の書』（南雲堂）
舩川利夫『吟詠の発声法と発音』（ＭＡＵＶＥ）
安田登『身体能力を高める「和の所作」』（筑摩書房）
安田登『能に学ぶ「和」の呼吸法――信長がストレスをパワーに変えた秘密とは？』（祥伝社）
山﨑広子『８割の人は自分の声が嫌い――心に届く声、伝わる声』（ＫＡＤＯＫＡＷＡ）
米山文明『声がよくなる本――〝ヴォイス博士〟の方法　１日５分で歌と声に自信がつく！』（主婦と生活社）
米山文明『声と日本人』（平凡社）
米山文明『声の呼吸法――美しい響きをつくる』（平凡社）
レニー・グラント＝ウィリアムズ『人生の勝者になる！　声の出し方・話し方――自信がつき、好印象を与え、信頼を高める声のテクニック』（米山文明監修・冨永星訳、ダイヤモンド社）

乙津理風 Rifu Otsu

1981年生まれ。詩吟師範。

渋谷センター街と青山にて「ナチュラル詩吟教室」主宰。

5歳より詩吟を始め、数々の全国吟詠コンクール決勝大会出場。

落語家・柳家三三氏の舞台での詩吟指導や、
マサチューセッツ大学で詩吟ワークショップを行うなど、
多角的に活躍するかたわら、「neohachi」の詩吟ボーカルとしても活動。

アルバムに『LOVECADIO HEARN』(White Paddy Mountain)ほか。

著書に『詩吟女子』(春秋社)。2017年、皆伝に昇格し、雅号「理岳」を取得。

HP：http://natural-shigin.com

大《おお》声《ごえ》のすすめ。

和《わ》の発声法《はっせいほう》で伝《つた》わる話《はな》し方《かた》

2017年9月30日　初版

著者　乙津理風

発行者　株式会社晶文社
東京都千代田区神田神保町1−11 〒101-0051
電話 03-3518-4940(代表)・4942(編集)
URL http://www.shobunsha.co.jp

印刷・製本　株式会社太平印刷社

ISBN978-4-7949-6973-6　Printed in Japan